볼거리See it 미술관에서 공원까지
JN437525
BARBARY
COAST
BALLYS
BALLYS
ParkPlace
Connection

한판 해볼까

도박은 이 도시의 전부라고 할 수 있다. 라스베이거스를 방문한 사람들 중 열에 아홉이 도박을 한다는 점을 생각하면, 매년 $60억 이상이 이곳에서 베팅된다는 사실은 별로 놀랍지도 않다.
도박은 큰 사업이다. 그리고 잘만 하면 큰 기쁨도 누릴 수 있다. 그러나 도박을 시작하기 전에 우선 몇 가지 명심해야 할 점이 있다.

쌓여 있는 주사위

상점의 슬롯머신

현실적으로 생각하라

도박을 돈벌이의 수단이라고 생각하지 마라. 도박은 오락일 뿐 투자가 아니다. 물론 도박으로 부자가 되는 사람들도 있다. 바로 카지노 오너들이다. 이들은 자신에게 유리하도록 확률을 정하고 슬롯머신을 프로그램하며 게임을 고안한다. 무료로 음료를 제공하는 것은 당신이 보다 돈을 잘 쓰도록 하기 위한 보조 장치일 뿐이다.

자제력을 발휘하라

카지노에 발을 들이기 전에 먼저 잃어도 크게 무리가 없을 정도의 금액을 정하고, 그 금액만큼만 즐겨야 한다. 또한 이기고 있을 때 떠나라. 그 어떤 경우에도, 특히 돈을 계속 잃는 분위기라면 (아마도 그렇겠지만) 절대 저금에 손대지 마라.

판단력을 유지하라

카지노에서는 고객이 게임에 몰두하도록 갖가지 방법을 동원한다. 예를 들어, (시간이 얼마나 흘렀는지 알 수 없도록) 시계를 설치하지 않고, (고객이 항상 깨어 있도록) 공기 조절장치로 도박장에 산소를 공급하며, (고객이 잃은 돈을 신경 쓰지 않을 만큼 취하도록) 고액 베팅 테이블이든 슬롯머신이든 관계없이 모든 고객에게 계속해서 무료로 알코올 음료를 제공한다.

정직하라

법적으로 도박이 가능한 나이는 만 21세다. 따라서 만 21세가 안 된다면 도박은 꿈도 꾸지 마라. 미성년자가 불법으로 도박을 하다가 잡히면 딴 돈을 모두 압수당할 뿐만 아니라 무거운 벌금형에 처해지고, 경우에 따라 유치장 신세를 질 수도 있다.

자신이 하고 있는 게임을 정확히 알라

게임 경험이 적다면 테이블에 앉기 전에 게임규칙부터 배워라.
일반적으로 주요 카지노에서는 도박 입문자

CONTENTS

이 책의 각 장소에는 지도상의 위치가 함께 표시되어 있다.
(**1** 은 라스베이거스 대도시권 지도, **2** 는 라스베이거스 중심부 지도에서 찾을 것.)

라스베이거스의 볼거리

라스베이거스는 둘러보는 곳마다 볼거리로 가득하다. 도시 전체가 네온사인과 쇼걸로 빛나고 곳곳에서 프랭크 시나트라(Frank Sinatra)와 리버레이스(Liberace), 엘비스(Elvis)의 숨결이 느껴지며 '세계 오락의 중심지'와 '세계 결혼의 중심지'라는 별칭에 걸맞게 테마호텔과 뷔페식당, 24시간 술집이 즐비하다. 글리터 걸치(Glitter Gulch), 스트립(Strip), 랫팩(Rat Pack) 지역은 매일 밤 엄청난 비용을 쏟아 부으며 진정한 통속예술을 보여주고, 거리는 엘비스 스타일로 넘쳐난다. 이 믿어지지 않는 광경에 방문객들은 모두 입을 다물지 못한다. 라스베이거스는 '세계 도박의 중심지'다. 이곳의 모든 볼거리는 오로지 방문객이 기분 좋게 도박을 하도록 설계되었다는 사실을 기억하자. 그럼 이제 신나게 즐겨볼까?

를 위한 도박수업을 무료로 열고 있다. 게임 경험이 많다면 일반규칙과 다른 그곳만의 규칙을 충분히 익혀라. 테이블에 앉기 전에 그 테이블의 최소 베팅액을 확인하라. $100 블랙잭 테이블인지도 모르고 좋은 패라며 자신 있게 $5 칩을 걸었다가 딜러가 되돌려주는 일만큼 창피한 일이 또 있을까.

서두르지 마라

장시간 연속해서 도박하지 마라. 항상 충분한 휴식을 취해 몸과 마음을 가뿐하게 하라.

이점을 취하라

슬롯머신만 즐길 예정이라면 슬롯클럽(slot club)에 가입하는 편이 낫다. 가입비가 없는데다 쓴 금액에 따라 다양한 혜택과 부가서비스(객실요금 할인, 무료 식사, 야구모자 등)를 즐길 수 있다.

게임

일반적으로 카지노에서는 다음과 같은 게임을 할 수 있다. 바카라(Baccarat), 블랙잭(Blackjack), 캐러비안 스터드(Caribbean Stud), 카지노 워(Casino War), 크랩(Craps), 키노(Keno), 렛 잇 라이드(Let it Ride), 파이 고우(Pai Gow), 파이 고우 포커(Pai Gow Poker), 룰렛(Roulette). 승률이 가장 높은 것은 블랙잭이고, 낮은 것은 키노다. 또한 스포츠 경기결과에 베팅할 수 있는 카지노도 많다.

금으로 돋을새김 되어 있는 판매용 칩

명소

The Strip 스트립 **2** 2A-3D 스트립 지도

수백만 달러짜리 테마호텔들이 5.6km에 걸쳐 있는 라스베이거스 블러바드 사우스(Las Vegas Boulevard South, 일반적으로 '스트립(the Strip)')는 세계에서 가장 열정적이고 기발하며 화려하고 사치스러운 거리일 것이다. 이 거리를 제대로 감상하려면 낮과 밤을 모두 봐야 한다. 낮에는 피라미드를 시작으로 베니스의 풍경과 파리의 역사적 건축물을 지나 중세성에 이르기까지 상식을 뛰어넘는 최고의 건축물들에 감탄한다. 밤에는 칠흑같은 하늘 아래에 밝게 빛나는 네온행렬에서 뿜어져 나오는 빛과 다양한 색상이 장관을 연출한다.

Fremont Street 프리몬트 가

1 6F-4G, **2** 2G

네온사인이 압도적으로 많아서 1940년대부터 '글리터 걸치(Glitter Gulch, 휘황찬란한 협곡)'라고 알려진 프리몬트 가는 한때 역동적인 라스베이거스의 중심이었다. 최근 수십년간 다운타운은 스트립에 밀려 그 명성을 잃었으나 1990년대에 수백만 달러를 들인 대대적인 공사를 통해 다시 예전의 명성을 되찾았다. 이곳의 하이라이트는 땅거미가 질 무렵부터 자정까지 매 시간마다 하늘 위로 7블록에 걸쳐 있는 네온사인이 펼치는 화려한 빛의 쇼인 프리몬트 스트리트 익스피리언스(Fremont Street Experience)다. 라스베이거스 최초의 카지노이자 베팅액 상한이 가장 높은 비니언스 호스슈(Binion's Horseshoe, p.58 참조)가 있는 골든 게이트 호텔(Golden Gate Hotel, p.57 참조)과 네오노폴리스(Neonopolis) 종합쇼핑오락단지를 찾아라.

대형 카지노 리조트
(Casino Mega-Resorts)

대체로 스트립에 위치해 있으며 호텔이라기보다 소도시에 가까운 라스베이거스의 대형 리조트들은 각각 매력이 있다. 리조트에는 테마파크, 화랑, 쇼핑몰, 결혼식장, 호수, 동물원 등 갖가지 오락시설이 들어서 있다. 아, 당연히 카지노도! 이 중 가장 볼 만한 몇 가지를 살펴보자.

Bellagio 벨라지오 1C 스트립 지도

벨라지오는 이곳에서 가장 세련된 최고급 호텔이자 카지노다. 새롭게 해석한 이탈리아식의 대궐같이 넓은 호반 빌리지는 다른 곳과 비교할 수 없는 월등한 품격이 살아 있다. 영화 스타들이 즐겨 찾는 이곳의 특징은 최고급 레스토랑들(p.40 참조)과 작지만 최고급 품이 가득한 쇼핑몰(p.22 참조), 미술 전시장(p.60 참조), 식물원, 스파, 풀장이다. 이탈리아의 코모호를 본뜬 앞쪽의 대형호수에서는 음악에 맞춰 분수가 춤을 춘다. 화려한 도박장은 항상 진지한 도박꾼들로 가득하다.

위치 3600 Las Vegas Boulevard South
Tel 702-693-7111
www.bellagio.com

Caesars Palace 시저스 팰리스 1D 스트립 지도

수십 년간 이곳의 테마호텔 중에서 최고로 군림해 온 시저스 팰리스는 이제 경쟁자들에게 지지 않기 위해 노력해야 한다. 그러나 여전히 선구적인 포럼숍(Forum Shops)(p.23 참조)의 성공과 같은 몇 가지 술책을 숨겨놓고 있는 시저스 팰리스는 셀린 디온(Celine Dion)과 엘튼 존(Elton John)이 이곳의 거대한 콜로세움(Colosseum)(p.31 참조)에서 장기 투숙하도록 설득했고 유명한 요리사를 영입해 훌륭한 레스토랑을 열었으며, 스트립 바로 옆에 매력적인 산책로도 만들었다. 카지노는 최대액이 높고, 토가를 입은 웨이트리스가 서비스를 한다.

위치 3570 Las Vegas Boulevard South
Tel 702-731-7222

벨라지오의 춤추는 분수

| www.caesarspalace.com

Excalibur 엑스캘리버 1B 스트립 지도

성을 주제로 한 엑스캘리버는 가족단위 여행객에게 인기가 높다. 특히 만화 같은 건물과 중세시대를 주제로 한 공연을 좋아하는 아이들에게 인기가 좋다. 매일 저녁 마법사 멀린(Merlin)은 불을 뿜는 용과 싸우고 중세풍 쇼핑 빌리지에서는 마법사와 요술쟁이가 묘기를 선보인다. '토너먼트 오브 킹(Tournament of Kings)' (p.30 참조)은 그저 그런 여자들이 팝송을 부르는 동안 말등에 올라 창시합을 하는 공연으로 그다지 훌륭하지 않다. 객실요금이 스트립에서 가장 저렴하며 카지노에서는 슬롯머신, 테이블 게임, 쌍방향 베팅을 할 수 있다.

| **위치** 3850 Las Vegas Boulevard South
| **Tel** 702-597-7777
| www.excaliburcasino.com

Luxor 룩소르 1A 스트립 지도

비행기가 매캐런 공항(McCarran Airport)으로 하강할 때 기내 창문으로 밖을 보면 위에서 빛이 나오는 거대한 검은 유리 피라미드가 보인다. 305m 높이의 거대한 룩소르 호텔 꼭대기에서 바라보는 도시의 모습은 정말 인상적이다. 스트립의 남쪽 끝에 세워진 상상 이상으로 멋진 이 호텔은 라스베이거스의 인상 깊은 건물 중 하나다. 피라미드는 10층 높이의 거대한 스핑크스(Sphinx)를 지나 입

시저스 팰리스의 분수

장하게 되어 있으며 내부에는 아이맥스(IMAX) 극장과 복제된 투탕카멘(Tutankhamun)의 무덤과 보물(p.60 참조), 레스토랑, 3,400평의 도박장이 있다.

| **위치** 3900 Las Vegas Boulevard South
| **Tel** 702-262-4102
| www.luxor.com

Mandalay Bay 만달레이 만 1A 스트립 지도

만달레이 베이는 열대섬에서의 유유자적한 삶을 꿈꾸는 방문객들을 만족시킨다. 울창한 수풀로 장식된 호텔은 1만 2,000평에 달하는 종합물놀이시설로 둘러싸여 있어서 모래밭에서 휴식을 취하고 파도풀장에서 수영하며 유수풀을 떠다니거나 샤크 리프(Shark Reef) 수족관(p.60 참조)에서 야생동물을 구경할 수 있다. 해가 지면 넓은 카지노와 15개의 레스토랑, 고급 나이트클럽, 럼정글(Rumjungle)(p.33 참조), 유명한 록 공연장, 하우스 오브 블루스(House of Blues)(p.34 참조), 유명 팝 콘서트와 타이틀 매치가 열리는 행사장(p.35 참조)이 관광객을 유혹한다.

| **위치** 3950 Las Vegas Boulevard South
| **Tel** 702-632-7777
| www.mandalaybay.com

엑스캘리버의 전설적인 마법

룩소르의 특색 있는 피라미드

MGM Grand MGM 그랜드

1B 스트립 지도

초록으로 화려하게 빛나는 MGM 그랜드는 미국에서 가장 규모가 큰 호텔이다. 할리우드를 주제로 한 이 호텔의 벽은 고전영화들의 스틸 사진으로 꾸며져 있고, 바닥은 명예의 전당(Walk of Fame)이 설치되어 있으며, 쇼핑몰은 마치 영화 스튜디오 같다. 전례 없는 5,005개의 객실과 풍부한 편의시설은 이곳의 자랑거리다.
주행사장인 MGM 가든(MGM Garden) (p.35 참조)에서는 유명한 콘서트와 스포츠 행사가 열리고 화려한 아르데코풍의 카지노는 스트립 최고의 슬롯머신들을 구비하고 있다.
7,350평의 종합 스파-풀장과 레스토랑도 근사하다. 비록 사자머리 출입구는 사라졌지만 전시터널에서 살아 있는 사자를 볼 수 있다.

위치 3799 Las Vegas Boulevard South
Tel 702-891-1111
www.mgmgrand.com

The Mirage 미라지 1D 스트립 지도

라스베이거스는 미라지, 좀더 정확히 말해 스티브 윈(Steve Wynn)에게 영원히 감사해야 할 것이다. 스티브 윈은 1980년대 후반에 새로운 초대형 호텔 카지노를 짓기로 결심하고 폴리네시아 촌락에서 얻은 아이디어를 기초로 종합테마호텔 붐을 연다. 10여 년이 넘는 기간 동안 갖가지 새로운 형태의 호텔이 문을 열었지만 미라지는 여전히 매력적이다. 열대우림 지역을 본뜬 내부와 정원의 신비한 돌고래 풀장과 큰 고양이 서식지 그리고 인공화산(8pm부터 자정까지 15분 간격으로 폭발한다)은 끊임없이 사람들을 끌어 모은다. 또한 대규모 도박장과 수준 높은 공연도 매력적이다. 성대모사의 달인인 대니 갠스(Danny Gans)가 쇼를 하고, 서크 드 솔레(Cirque du Soleil, 태양의 서커스)가 비틀스(Beatles)를 주제로 새롭게 구성한 쇼가 2006년에 공연될 예정이다.

위치 3400 Las Vegas Boulevard South
Tel 702-791-7111
www.mirage.com

New york-New York 뉴욕-뉴욕

1B 스트립 지도

어디서 본 것 같다고? 이 호텔은 자유의 여신상(Statue of Liberty), 크라이슬러 빌딩(Chrysler Building), 엠파이어 스테이트 빌딩(Empire State Building)같이 뉴욕하늘을 수놓은 유명한 고층빌딩들을 3분의 1 크기로 줄인 복제품으로 이루어져 있다. 최고속력 시속 104km의 롤러코스터 맨해튼 익스프레스(Manhattan Express)를 타고 건물 사이를 누비며 호텔 최고의 경관을 감상해 보자. 뉴욕을 주제로 한 이 호텔의 내부에는

네온사인이 빛나는 밤

2만 4,000km에 달하는 네온관을 자랑하는 라스베이거스에 진짜 어둠은 존재하지 않는다. 항상 밤에는 네온으로 빛난다.
다운타운 내 프리몬트 가의 모퉁이에 위치한 야외 네온 박물관(Neon Museum)에 가면 역사적인 의미가 있는 간판들을 볼 수 있다.
10년 넘게 파이어니어 클럽(Pioneer Club) 위에서 라스베이거스를 방문하는 사람들을 반기는 대형 네온 카우보이 베가스 빅(Vegas vic)을 놓치지 말 것.

세계적으로 유명한 MGM 사자상

센트럴 파크(Central Park)를 본뜬 카지노와 코니 아일랜드 임포리엄(Coney Island Emporium), 최신 비디오 게임들로 가득한 게임센터가 있다.

| **위치** 3790 Las Vegas Boulevard South
| **Tel** 702-740-6050
| www.nynyhotelcasino.com

Paris-Las Vegas 파리-라스베이거스
1C 스트립 지도

울랄라! 위로는 에펠 탑(Eiffel Tower)이 보이고, 개선문(Arc de Triomphe)과 오페라 극장, 루브르(Louvre) 같은 프랑스 건물로 둘러싸여 있어 흡사 파리에 있는 것 같다. 탑의 크기는 실제 크기의 절반 수준이지만 그 위용은 여전하다. 유리승강기를 타고 도착한 전망대에서는 스트립의 멋진 전망을 볼 수 있다. 주머니 사정이 넉넉하다면 수천 미터 높이에 위치한 멋진 레스토랑(p.40 참조)에서 근사한 식사를 하는 건 어떨까? 자매호텔인 밸리스로 가는 연결통로에는 고품격 쇼핑가가 자리잡고 있으며 자갈이 깔린 가짜 프랑스 거리와 메트로(Metro) 역 한복판에 카지노가 위치해 있다.

| **위치** 3655 Las Vegas Boulevard South
| **Tel** 702-946-7000
| www.paris-lv.com

Rio 리오 2 1C

리오는 분홍과 파란빛의 화려한 외관부터 카니발을 주제로 한 실내장식까지 눈길을 끄는 다양한 장치를 활용해 스트립에서 떨어져 있다는 단점을 보완하고 있다. 부두 라운지(Voodoo Lounge)(p.47 참조)는 여행객과 지역 사람들 모두에게 인기가 높고 51층짜리 매스커레이드 타워(Masquerade Tower)에서는 멋진 도시전경을 즐길 수 있다. 그 아래의 매스커레이드 빌리지(Masquerade village)에서는 2시간마다 카니발 퍼레이드가 펼쳐지며, 최고급 레스토랑들 중 하나를 골

스트립을 밝히는 빛나는 네온

각종 무료

룰렛이나 블랙잭 테이블에서 남은 돈을 모두 탕진했다고 하더라도 라스베이거스를 떠날 필요가 전혀 없다. 라스베이거스에는 공짜로 즐길 수 있는 것들이 무궁무진하다.
벨라지오(p. 6 참조)의 환상적인 분수쇼라든가 서커스 서커스(Circus Circus)의 곡예와 텀블링은 무료 공연이며, 미라지의 화산 폭발, 트레저 아일랜드의 'TI의 미녀들', 하드록(Hard Rock)에 전시된 로큰롤 기념물, MGM 그랜드의 사자우리, 리오(Rio)의 매스커레이드 빌리지 카니발, 골든 너겟(Golden Nugget)에 전시된 금덩이, 프리몬트 스트리트 익스피리언스(p.6 참조)는 모두 무료다.
이것들은 돈이 없어도 충분히 즐길 수 있으며, 무료이지만 볼거리가 충분하다. 돈 내고 보는 만큼 즐겨보자.

라 식사를 하는 것도 또 하나의 즐거움일 것이다.

| **위치** 3700 West Flamingo Road
| **Tel** 702-777-7777
| www.playrio.com

Stratosphere 스트래터스피어

2G 스트립 지도

라스베이거스 최고의 전망을 감상하려면 여기 미국에서 가장 높은 타워로 가라. 초고속 엘리베이터로 단 30초면 259m나 되는 전망대까지 올라갈 수 있다. 전망대는 실내, 실외로 나뉘며, 날씨가 좋은 날에는 네바다(Nevada)부터 애리조나(Arizona), 캘리포니아(California)에 이르는 광활한 대륙을 실감할 수 있다. 해가 진 뒤에는 밤하늘을 비추는 도시의 화려한 네온사인으로 더욱 멋진 전망을 만끽할 수 있다. 가능하다면, 회전식 레스토랑 탑 오브 더 월드(Top of the World)(p.40 참조)에서 저녁식사를 하거나 세계에서 가장 높은 롤러코스터인 하이롤러(High Roller) 같은 놀이 기구에 도전해 보자. 이제까지 경험해 보지 못한 스릴을 즐길 수 있을 것이다.

| **위치** 2000 Las Vegas Boulevard South
| **Tel** 702-380-7777
| www.stratospherehotel.com

TI(Treasure Island) 트레저 아일랜드

1E 스트립 지도

1990년대 중반 라스베이거스를 가족방문 도시로 만들겠다는 잘못된 시도를 포기했음을 보여주는 가장 확실한 증거로, 앞서 해적을 주제로 했던 트레저 아일랜드(보물섬)가 'TI' 으로 이름을 바꾼 사실을 들 수 있다. 야외의 버커니어 만(Buccaneer Bay, 해적만)

뉴욕-뉴욕의 낯익은 전경

은 2대의 해적선이 싸우는 장소로 활용되었으나, 현재는 통 큰 손님을 해적 싸움 대신 카지노와 술집, 라운지, 레스토랑으로 끌어들이기 위해 외설적인 무희들이 나오는 이상야릇한 무료 공연 'TI의 미녀들(Sirens of TI)'이 매일밤 4차례씩 메인 해적선에서 펼쳐지고 있다. 또한 최고의 서커스, 서크 드 솔레의 미스테어(Mystère)(p.30 참조)도 이곳에서 볼 수 있다.

| **위치** 3300 Las Vegas Boulevard South
| **Tel** 702-894-7111
| www.treasureisland.com

The Venetian 베니션 1E 스트립 지도

베니스(Venice)의 우아한 건축물과 시대를 초월한 아름다움에 미국의 악의 도시가 지닌 화려함과 활기를 더했다. 최근 10년간 가장 멋지고 활기 넘치는 호텔인 베니션에는 다양한 즐거움이 있다. 리알토 다리(Rialto Bridge)로 완성되는 복제 대운하(Grand Canal), 그 위를 떠다니는 곤돌라는 직접 타 볼 수도 있다.

인근 쇼핑몰에는 산 마르코 광장(St. Mark's Square)의 축소판을 따라 고급 부티크가 들어서 있고 환상적인 블루맨 쇼(Blue Man show)가 펼쳐지며 여러 훌륭한 레스토랑, 캐니언 스파 목장(Canyon Spa Ranch), 네바다에서 가장 규모가 큰 피트니스 센터(투숙객 전용), 마담 터소의 밀랍인형관(Madame Tussaud's)(p.60 참조), 구겐하임 허미티지 박물관(Guggenheim Hermitage, p.60 참조)이 있다.

| **위치** 3355 Las Vegas Boulevard South
| **Tel** 702-414-1000
| www.venetian.com

Wynn Las Vegas 윈 라스베이거스 1E 스트립 지도

가장 최근에 지어진 호텔인 윈 라스베이거스는 벨라지오와 미라지를 지은 전설적인 기업가 스티브 윈의 작품이다. 인공산에 가려 스트립에서는 보이지 않지만 2005년에 개장한 이 호텔의 대궐같이 넓은 부지에는 고급 레스토랑과 상점이 빽빽하게 들어서 있다.

| **위치** 3131 Las Vegas Boulevard South
| **Tel** 702-770-7100
| www.wynnlasvegas.com

그 밖의 명소

Elvis-A-Rama Museum

엘비스 라마 박물관 2 2D

엘비스 프레슬리는 리버레이스나 프랭크 시나트라보다 훨씬 라스베이거스에 어울리는 가수였다. 인터내셔널 호텔(international Hotel, 지금의 힐턴)에서 펼친 그의 기록적인 공연은 칼라가 높은 낙하복을 입고 특유의 발동작을 하던 그의 모습을 전 세계에 각인시켰다. 그는 우상 중의 우상이었으며, 그런 까닭에 다른 가수들과는 대조적으로 지금까지도 수많은 사람들이 그의 흉내를 내면서

스트래터스피어의 높은 타워

생계를 꾸려가고 있다.

엘비스와 관련한 수많은 멋진 수집품 중에서도 그가 쓰던 기타, 공연용 청색 스웨이드 맞춤구두, 1955년 캐딜락과 그 외 많은 의상은 특히 눈여겨 볼 만하다. 2시간마다 엘비스의 성대모사도 펼쳐진다.

| **관람시간** 매일 개관 10am-6pm
| **위치** 3401 Industrial Road
| **Tel** 702-309-7200

| www.elvisrama.com

Imperial Palace Auto Collections

임피리얼 팰리스 오토 컬렉션 1D 스트립 지도

예스럽고 화려하며 특별한 차들로 가득한 이곳은 수많은 기념비적인 차들을 계속해서 바꿔가며 전시하고 있다. 루스벨트 대통령(F. D. Roosevelt)의 1936년형 캐딜락, 무솔리니(Mussolini)의 1939년형 알파 로메오, 마릴린 먼로(Marilyn Monroe)의 1955년형 링컨도 감상할 수 있다.

| **관람시간** 9.30am–9.30pm, 임피리얼 팰리스 호텔
| **위치** 3535 Las Vegas Boulevard South
| **Tel** 702-731-3311
| www.autocollections.com

베니션의 곤돌라

Liberace Museum

리버레이스 박물관 2 5B

넘치는 사랑과 탁월한 쇼맨십으로 똘똘 뭉친 리버레이스와 라스베이거스는 상부상조하는 관계였다. 성적 가치관이 모호한 사람들의 성지인 이곳은 1979년에 리버레이스가 세웠는데, 그가 입었던 눈부신 무대의상과 보석으로 장식된 피아노, 서명이 새겨진 촛대 등이 전시되어 있다.

| **관람시간** 10am–5pm 월–토, 12pm–4pm 일 | **위치** 1775 East Tropicana Avenue
| **Tel** 702-798-5595
| www.liberace.org

라스베이거스에서 결혼을!

룰렛 테이블에서 그동안 저축한 돈을 날리는 것을 제외하면 라스베이거스의 즉석맞춤 결혼식장(wedding chapel)에서 식을 올리는 것이 누구나 할 수 있는 가장 라스베이거스적인 일일 것이다. 매년 10만 명이 이 도시에서 결혼식을 올린다.

라스베이거스에서는 자신들의 예산에 따라 독특하고 이색적인 결혼 이벤트를 경험할 수 있다. 차에 탄 채 혼인서약을 하든 클링곤(Klingon, 스타트렉에 나오는 외계문명)처럼 입고 결혼을 하든 라스베이거스에는 당신의 요구를 맞춰줄 식장이 분명히 있다. 이곳에서는 엘비스 프레슬리, 프랭크 시나트라, 폴 뉴만, 데미 무어가 결혼식을 올렸고, 그들이 결혼한 곳은 외국인들에게 더 없는 관광명소가 되었다.

엘비스 라마 박물관에 전시되어 있는 엘비스 인형

임피리얼 팰리스 오토 컬렉션의 클래식 자동차

대다수 카지노에는 결혼식장이 있으며, 그 외의 결혼식장은 도시에 흩어져 있다. 네바다 주에서는 18세 이상이면 결혼할 수 있으며, 16세 이상은 부모의 증명서와 동의서가 필요하다.

독립 결혼식장

Candlelight촛불 2F 스트립 지도

| **위치** 2855 Las Vegas Boulevard South
| **Tel** 800-962-1818
| www.candlelightchapel.com

Chapel of the Fountain분수의 교회
2F 스트립 지도

| **위치** 2880 Las Vegas Boulevard South
| **Tel** 702-794-3777

Little chapel of the Flowers
꽃들의 작은 교회 2 4F

| **위치** 1717 Las Vegas Boulevard South
| **Tel** 1-800-843-2410
| www.littlechapel.com

Little church of the West
서부의 작은 교회 1A 스트립 지도

| **위치** 4617 Las Vegas Boulevard South
| **Tel** 1-800-821-2452
| www.littlechurchlv.com

특별한 결혼식

Circus Circus 서커스 서커스
2F 스트립 지도

번지점프를 하면서 결혼한다.

| **위치** 2880 Las Vegas Boulevard South
| **Tel** 800-717-4734
| www.circuscircus.com

리버레이스 박물관의 화려한 의상

Divine Madness Fantasy Wedding

신성하고 열광적이며 환상적인 결혼 2 2H

카우보이, 인디언, 우주비행사, 안토니(Antony), 클레오파트라(Cleopatra)등 다양하게 연출할 수 있다.

| **위치** 111 Las Vegas Boulevard South
| **Tel** 702-384-5660

Excalibur 엑스캘리버 1B 스트립 지도

앨비스 플레슬리가 결혼한 곳이다.

| **위치** 619 Las Vegas Boulevard South
| **Tel** 800-824-5732
| www.gracelandchapel.com

Graceland 그레이스랜드 2 1G

아서 왕 복장을 하고 식을 올린다.

| **위치** 3850 Las Vegas Boulevard South
| **Tel** 800-811-4316
| www.excaliburcasino.com

Little White Chapel Drive Through

드라이브 스루식 작고 흰 교회 2 3F

차에 탄 채 결혼을 진행한다.

| **위치** 1301 Las Vegas Boulevard South
| **Tel** 800-545-8111
| www.alittlewhitechapel.com

서부의 작은 교회 옥외간판

Star Trek: The Experience at the Las Vegas Hilton 스타트렉: 라스베이거스 힐턴에서 체험 2F 스트립 지도

스타십 엔터프라이즈(Starship Enterprise, 스타트렉에 나오는 비행선)를 타고 결혼한다.

| **위치** Las Vegas Hilton 3000 Paradise Road
| **Tel** 888-732-7117
| www.lvhilton.com

Venetian Wedding Chapel

베니션 결혼식장 1E 스트립 지도

대운하(Grand Canal)를 따라가며 결혼한다.

| **위치** 3355 Las Vegas Boulevard South
| **Tel** 866-548-1807
| www.venetian.com

라스베이거스 근교

Hoover Dam & Lake Mead

후버 댐과 미드 호 라스베이거스 근교 지도

1930년대에 지어진 후버 댐을 보면 절로 감탄사가 나온다. 하부 두께는 201m, 높이는 213m, 70층 건물 높이가 넘고 한 번에 348억 톤의 물을 저장할 수 있다.

건설 당시에는 세계 제일의 규모를 자랑했을 뿐만 아니라 건설기술의 비약적인 발전을 촉진했다.

처음에는 '볼더 댐'이라고 했으며, 부근에 댐 종사자 등이 거주하는 볼더시티가 건설되기도 했다.

관광안내소에서는 댐건설 과정을 영화로 볼 수 있으며, 약 30분 정도 걸리는 내부 견학도 가능하다.

미국에서 가장 큰 인공 호수인 미드 호는 호수 둘레만 800km가 넘는다. 미드 호는 휴양지로 인기가 높으며 뱃놀이, 낚시, 수영, 수상 스키를 위한 장비도 대여해 주고 있다.

| **위치** US 93번 도로에서 라스베이거스의 동남쪽으로 약 48km가량 떨어진 곳에 위치. 관광안내소 | **Tel** 702-293-1824
| www.usbr.gov/lc/hooverdam

Valley of Fire State Park 밸리 오브 파이어 주립공원 라스베이거스 근교 지도

화려한 라스베이거스에서 90km 떨어져 있

는 이 공원은 네바다 주에서 가장 오래되고 규모가 주에서 가장 오래되고 규모가 큰 주립공원이다.
밸리 오브 파이어의 이름은 붉은 사암의 모습에서 영감을 얻어 지은 것이라고 한다. 햇빛이 강할 때면 바위가 마치 타오르는 불꽃처럼 보인다.
반드시 선글라스를 준비할 할 것. 넓이는 약 7,000만 평이며, 길이는 9.6km, 넓이는 6.4km에 이른다. 공원은 수백만 년 동안 풍화작용을 거친 신비하고 환상적인 형태의 붉은 바위로 가득하다.
이 지역은 야생동물이 많아 등산객과 자전거 여행자들에게 인기가 많지만, 기온이 43℃까지 올라가니 주의해야 한다(물을 많이 준비하자).

| **위치** 169번 간선도로에서 라스베이거스의 북동쪽으로 약 80km가량 떨어진 곳에 위치. 관광안내소
| **Tel** 702-397-2088
| www.parks.nv.gov/vf.htm

Red Rock Canyon 레드록캐니언

라스베이거스 근교 지도

모하비 사막에서 발견한 '붉은 보석'이라는 이름으로 잘 알려진 레드록캐니언은 라스베이거스 중심부에서 차로 약 20분 정도 달려야 한다.
야생 거북이, 도마뱀, 맹금류가 살고 있는 이 멋진 사막은 회색 석회암과 붉은 사암이 층층이 쌓여 21km나 이어진 절벽이 인상적이다. 차로도 관광할 수 있지만 이곳을 탐험하는 가장 좋은 방법은 48km의 하이킹 코스를 따라 걷는 것이다.

| **위치** 159번 간선도로에서 서쪽으로 약 36km 정도 떨어진 곳에 위치. 관광안내소
| **Tel** 775-861-6500
| www.blm.gov/offline/

도시 밖으로

Grand Canyon 그랜드캐니언

길이는 443km, 폭은 16km, 깊이가 2.6km에 이르는 이곳에서는 자연의 경이로움으로 감탄사가 절로 나온다.
원래 콜로라도 강이 흐르던 곳에 콜로다고

밸리 오브 파이어 주립공원의 메마른 풍경

고원 일부가 융기해 생긴 협곡인데, 계곡 벽에는 시생대 이후 7억 년 동안의 많은 지층이 나타난다.
반건조 지역이기 때문에 계곡 벽에는 수목이 간간이 있을 뿐이지만, 고원에는 수목이 무성하다. 계곡까지 걸어 내려가거나(바닥까지 6시간 거리), 배를 타고(p.37 참조) 혹은 하늘에서(p.50 참조) 감상해 보자. 라스베이거스에서 남동쪽으로 480km, 약 5시간 동안 차를 몰면 이곳에 도착한다.
헬리콥터로 관광할 경우 일반적으로 라스베이거스에서 208km 정도 떨어진 곳에 위치한 웨스트 림을 둘러본다. 웨스트 림은 다른 림보다 상대적으로 볼거리가 적다고 한다.
캐니언 관람 정보 플라자(Canyon View Information Plaza), 매더 포인트(Mather Point)

| **Tel** 928-638-7888
| www.nps.gov/grca

QUEENS
PARKING
FOUR

네온으로 반짝이는 라스베이거스

라스베이거스의 쇼핑거리

1990년대 중반 시저스 팰리스가 포럼숍을 열면서 라스베이거스의 쇼핑문화는 완전히 달라졌다. 포럼숍은 최초의 카지노 쇼핑몰로 최신유행 부티크와 유명한 체인점을 적절히 조합해 호화롭게 단장함으로써 큰 성공을 거두었고, 후에 유사한 곳도 생겨났다. 포럼의 라이벌이라 할 수 있는 베니션의 그랜드 채널 숍(Grand Canal Shoppes)을 비롯해 오늘날 스트립에 위치한 거의 모든 호텔-카지노에는 일종의 쇼핑구역이 있다. 거기에 라스베이거스 교외의 여러 쇼핑몰과 골동품 거리를 고려하면 일일이 말할 필요 없이 라스베이거스는 미국 내 최고의 쇼핑지이다.

쇼핑거리Buy it 백화점에서 벼룩시장까지

골동품점

다른 어떤 도시들보다 헌신적으로 새로운 것을 찾고 계속해서 다시 고안해 내는 라스베이거스에서 번성하고 있는 골동품 거리는 조금은 생뚱맞아 보인다. 골동품의 중심은 Maryland Parkway와 Eastern Avenue 사이의 이스트 찰스턴(East Charleston)으로 다양한 골동품점과 중고할인점이 모여 있다. 실제 대다수 상점은 진짜 골동품(즉, 100년 이상된 골동품)보다는 어린 시절 가지고 놀던 물건을 모으는 베이비붐 세대를 겨냥한 오래된 장난감, 만화책, 주크박스 레코드, SF 기념품, 배지 등 수집품을 전문으로 한다.

앤티크 광장의 열기

Antique Square Shopping Center

앤티크 광장 쇼핑센터 **2** 5F

은수저, 아르데코 테이블 램프, 오래된 레코드, 남북전쟁(Civil War) 기념품, 중국차 세트, 옛날 동전, 타자기 같은 갖가지 생활 골동품을 판매하는 10여 곳의 상점이 이곳에 숨어 있다.

| **위치** 2014-26 East Charleston Boulevard | **Tel** 702-386-0238

Showcase Slots and Antiques

쇼케이스 슬롯 & 앤티크 **2** 1C

고전적인 게임기계(1930년대의 자동도박기, 최신 슬롯, 비디오 포커 기계)와 저렴하고 수집가치가 높은 아메리카나-월리처(Americana-Wurlitzer) 주크박스, 코카콜라 자판기, 주유기, 이발소 의자 등 다양한 제품을 취급한다.

| **위치** 4305 South Industrial Road
| **Tel** 702-740-5222
| www.showcaseslots.com

Toys of Yesteryear

토이즈 오브 예스터이어 옛 장난감 **2** 5F

양철 병정, 성냥갑 자동차, 태엽장난감, 1950년대 딩키(Dinky) 장난감, 카니발 인형, 스타 워즈(Star Wars) 인형과 같은 오래된 골동 완구가 가득 있다.

| **위치** 2028 East Charleston Boulevard
| **Tel** 702-598-4030

갬블러즈 북숍의 간판

서점

Gamblers Book Shop

갬블러즈 북숍: 도박꾼 서점 **2** 4G

도박으로 확실하게 돈을 버는 방법은 거의 없지만 베팅의 예술과 관련된 서점을 여는 것이 한 가지 방법일 수 있겠다. 1960년대에 세워진 이래 점점 번창하고 있는 이 서점에는 현존하는 모든 종류의 도박에 대한 책이 있다. 경마, 블랙잭, 포커, 슬롯머신, 스포츠 내기는 개별구역이 있다.

| **위치** 630 South 11th Street | **Tel** 702-382-7555 | www.gamblersbook.com

명사의 기념품점

Fields of Dreams 필즈 오브 드림 2 1C

JFK, 비틀스, 마이클 조던(Michael Jordan) 같은 최고 스타들이 사인한 물건 등 유명인 기념품 중에서도 손꼽히는 물건들이 이곳에 있다(또는 어디서 입수할지를 알 수 있다).
| **위치** Masquerade Village, Rio, 3700 West Flamingo Road | **Tel** 702-221-9144

백화점

Dillard's 딜라스 2 4D

튼튼하고 믿을 만한 다양한 남녀의류를 판매하는 괜찮은 백화점 체인. 의심 가는 상품은 판매하지 않는다.

블러바드 몰(Boulevard Mall)
| **위치** 3700 South Maryland Parkway
| **Tel** 702-734-2111

패션쇼 몰(Fashion Show Mall)
| **위치** 3200 Las Vegas Boulevard South
| **Tel** 702-733-2008

갤러리아 앳 선셋 몰(Galleria at Sunset Mall) | **위치** 1320 West Sunset Road
| **Tel** 702-435-6300

메도우즈 몰(Meadows Mall) | **위치** 4200 Meadows Lane | **Tel** 702-870-2039
| www.dillards.com

세금을 고려하라

상품에 나와 있는 가격은 실제 지불하는 가격이 아니다. 지불하는 가격은 상품 가격에 7.25% 세금이 붙은 금액이다. 따라서 구입하기 전에 세금을 반드시 고려해야 한다.

JC Penney JC 페니 2 4D

경쟁력 있는 가격으로 좋은 평판을 얻고 있는 서민백화점 체인. 특히 가사용품과 의류가 좋다.

블러바드 몰
| **위치** 3542 South Maryland Parkway
| **Tel** 702-735-5131

갤러리아 앳 선셋 몰
| **위치** 1312 Sunset Road
| **Tel** 702-451 -4545

메도우즈 몰
| **위치** 4400 Meadows Lane
| **Tel** 702-870-9182
| www.jcpenney.com

Macy's 메이시 2 2D

미국에서 가장 유명한 백화점 체인. 지점 모두 규모가 크고 디자이너 패션에서 애완동물 사료에 이르기까지 모든 상품을 판매한다.

어디에나 있는 구찌 매장

패션쇼 몰
| **위치** 3200 Las Vegas Boulevard South
| **Tel** 702-731-5111
| **위치** 4450 Spring Mountain Road
| **Tel** 702-731-5111

블러바드 몰
| **위치** 3634 South maryland Parkway
| **Tel** 702-698-4382

메도우즈 몰
| **위치** 4100 Meadows Lane
| **Tel** 702-258-2100
| www.macys.com

Neiman Marcus 니먼마커스 2 2D

다소 화려한 니먼마커스는 프라다(Prada), 구찌(Gucci), 돌체앤가바나(Dolce et Gabana), 샤넬(Chanel)과 같은 디자이너 매장이 많은 가운데 상대적으로 저렴한 가격대의 의류도 판매하고 있다. 또한 가정용품과 전기제품도 잘 갖춰져 있다.

프레드 레이턴의 아름다운 보석

패션쇼 몰
| **위치** 3200 Las Vegas Boulevard South
| **Tel** 702-731-3636
| www.neimanmarcus.com

Saks 5th Avenue 삭스 핍스 애버뉴 2 2D

뉴욕의 전설인 이 백화점은 최고급 가정용품, 보석, 남녀의류를 취급한다. 가격은 라스베이거스 팩토리 아웃렛(Las Vegas Factory Outlet)점이 훨씬 저렴하다.

패션쇼 몰
| **위치** 3200 Las Vegas Boulevard South
| **Tel** 702-733-8300

라스베이거스 팩토리 아웃렛
| **위치** 7680 Las Vegas Boulevard South
| **Tel** 702-263-7692
| www.saksfifthavenue.com

보석점

Fred Leighton 프레드 레이턴 2 2C

아이쇼핑하기에 최고다. 그러나 카지노에서 대박을 터트린 것이 아니라면 사는 것은 꿈도 꾸지 마라. 세계적인 수준의 앤티크 보석 컬렉션을 갖춘 이곳의 보석 가격은 상상을 초월한다. 모굴 인디안 에메랄드(Moghul Indian Emerald, 세계 최대 에메랄드), 진저 로저스(Ginger Rogers)의 약혼반지, 윈저(Windsor) 공작부인의 주문보석 등을 찾아보자.

| **위치** Via Bellagio, 3600 Las Vegas Boulevard South | **Tel** 702-693-7050

쇼핑몰

Appian Way 아피아 가도 2 2C

작지만 여전히 시저스 팰리스의 포럼에 필적할 만큼 멋진 이곳은 로마네스크풍(개선문, 복제된 미켈란젤로(Michelangelo)의 다비드 상)의 우아한 실내장식과 구찌, 카르티에(Cartier) 같은 고급 매장이 잘 어우러져 있다.

| **위치** Caesars Palace, 3570 Las Vegas Boulevard South
| **Tel** 702-731-7110
| www.caesars.com

Desert Passage 데저트 패시지 2 2C

플래닛 할리우드(Planet Hollywood)/알라딘(Aladdin) 카지노 주위로 130여 개의 상점과 여러 레스토랑 및 클럽이 8자형으로 들어서 있다. 모로코, 아랍, 인도를 주제로 천일야화풍으로 화려하게 치장된 이곳은 둘러보는 재미가 있다. 특히 미술품, 값비싼 컬렉션, 가구, 디자이너 보석이 훌륭하다.

| **위치** Planet Hollywood, 3663 Las Vegas Boulevard South | **Tel** 702-866-0703
| www.desertpassage.com

Forum Shops 포럼숍 2 2C

현재 160여 개의 상점이 3겹으로 들어서 있는 포럼숍은 스트립 내 카지노몰 중에서도

프리몬트 스트리트 익스피리언스의 사람들

특히 뛰어나며 지금도 계속해서 발전하고 있다. 언제나 번화한 이곳은 우아한 대리석 장식에 아르마니(Armani), 휴고보스(Hugo Boss), 샤넬 의류매장과 스파고(Spago) (p.42 참조), 치노스(Chinois) 같은 고급 레스토랑이 잘 어우러져 고급스러운 분위기를 자아낸다. 거기에 바다에서 솟은 아틀란티스(Atlantis)의 춤추는 조각상, 조명을 조절해 새벽부터 황혼까지 연출하는 인공하늘 등으로 대중성을 가미했다.

| **위치** Caesars Palace, 3500 Las Vegas Boulevard South | **Tel** 702-893-4800
| www.forumshops.com

Grand Canal Shoppes

그랜드 커낼숍 **2** 2D

베니스에서 쇼핑을 하며 낭만이 가득한 주말을 보내는 것 다음으로 멋진 것은 그란데 운하(Grand Canal)와 산 마르코 광장(St Mark's Square)을 실물 크기로 복제한 1만 4,000평의 쇼핑몰이다. 그림 같은 거리카페 사이로 나 있는 자갈보도를 따라 고급 디자이너 매장(지미 추(Jimmy Choo), 버버리(Burberry), 돌체 듀(Dolce Due))과 유명한 체인점이 섞여 있다.

| **위치** The Venetian, 3355 Las Vegas Boulevard South | **Tel** 702-414-4500
| www.grandcanalshoppes.com

Le Boulevard at Paris

파리의 르 블러바드 **2** 2C

라스베이거스 기준에서 보면 작은 편이지만 프랑스풍으로 우아하고 세련되게 꾸며진 르 블러바드에서는 세련된 실내장식에 프랑스 패션(파리 라인(Paris Line), 라 보그(La Vogue)), 보석(르 파라디(Le Paradis)), 미술(라르 드 파리(L'Art de Paris)), 가구(레 엘레망(Les Elements)) 그리고 와인, 치즈, 갓 구운 프랑스빵과 크루아상 같은 식재료를 만나볼 수 있다.

| **위치** Paris-Las Vegas, 3655 Las Vegas Boulevard South | **Tel** 702-946-7000
| www.paris-lv.com

베니션의 산 마르코 광장

Mandalay Place 만달레이 플레이스 **2** 2A

만달레이 만이의 작지만 룩소르의 카지노와 연결된 통로를 따라 급격해 팽창하고 있는 쇼핑가. 다른 곳에서 볼 수 없는 상점들이 있으며 최신유행 스타일인 어번 아웃피터스(Urban Outfitters)뿐만 아니라 좋은 서점과 독서실도 있다.

| **위치** Mandalay Bay, 3950 Las Vegas Boulevard South | **Tel** 702-632-7777
| www.mandalaybay.com

MGM Grand Star Lane Shops

MGM 그랜드 스타 레인숍 **2** 2B

외관은 유명한 할리우드 건물을 따라했고, 내부는 영화 촬영을 위한 방음 스튜디오처럼 꾸민 3,200평 규모의 쇼핑몰. 당연히 기념품과 영화 관련 상점이 많다. 또한 몇몇 유명브랜드가 곳곳에 들어서 있다.

| **위치** MGM Grand, 3799 Las Vegas Boulevard South
| **Tel** 702-798-4455
| www.mgmgrand.com

샤넬의 미니멀리즘적인 전면

Tower Shops at the Stratosphere
스트래터스피어의 타워숍 2 3F

다운타운에 가까이 있는 타워숍 몰은 높이가 366m에 달하는 타워의 1층에 위치하고 있으며 파리, 홍콩, 뉴욕의 거리처럼 꾸며져 있다. 약 40여 개의 아웃렛이 이곳의 자랑거리다. 중간 가격대의 대형 체인과 기념품 상점이 주류를 이룬다.

| **위치** Stratosphere, 2000 Las Vegas Boulevard South | **Tel** 702-380-7777 | www.stratlv.com

Via Bellagio 비아 벨라지오 2 2C

최고급 호텔인 벨라지오에는 당연히 라스베이거스 최고급 상점만 있다. 판매되는 상품 종류는 다소 제한적이나(보석과 패션이 주류) 한결같이 최고급품이다. 이곳에만 있는 명품 브랜드는 티파니(Tiffany), 샤넬, 모스키노(Moschino), 알마니, 프라다, 구찌, 에르메스(Hermes)가 있다. 하지만 이 중 한 군데만 들를 수 있다면 눈부신 보석들로 가득한 프레드 레이턴(p.22 참조)을 방문하라.

| **위치** Bellagio, 3600 Las Vegas Boulevard South | **Tel** 702-693-7111 | www.bellagio.com

비 카지노 쇼핑몰

Boulevard Mall 블러바드 몰 2 4D

스트립에서 단 몇 분 거리에 있는 네바다 최대의 쇼핑센터인 이곳에는 5군데의 백화점을 비롯 의류, 신발류, 운동복, 전기제품 아웃렛 등 상점이 총 140여 곳 이상 들어서 있다.

| **위치** 3528 S Maryland Parkway | **Tel** 702-732-8949 | www.blvdmall.com

Chinatown Plaza
차이나타운 플라자 1 3C

미국에서 유일하게 계획된 차이나타운 구역인 이곳에는 레스토랑 10여 곳과 비취세공품 판매점, 가구 및 약재상, 식품시장, 대형 아시아 슈퍼마켓이 있다.

| **위치** 4255 Spring Mountain Road | **Tel** 702-221-8448 | www.lvchinatown.com

Fashion Outlet Mall of Las Vegas
라스베이거스의 패션아웃렛 몰

스트립에서 차로 30분 정도 거리에 위치한 네바다-캘리포니아 경계 부근에는 '세계 최대 패션 아웃렛 센터'가 있는데 기준소매가로 디자이너 패션을 판매하고 있다. 이곳에 입점해 있는 버버리, 에디바우어(Eddie Bauer), 캘빈클라인(Calvin Klein), 케네스 콜(Kenneth Cole), 랄프로렌(Ralph Lauren), 베르사체(Versace)의 아웃렛에서는 의류를 할인가로 살 수 있다.

| **위치** 32100 Las Vegas Boulevard South | **Tel** 702-874-1400 | www.fashionoutletlasvegas.com

Fashion Show Mall 패션쇼 몰 2 2D

스트립에 위치한 비 카지노 쇼핑몰 중 가장 규모가 큰 곳으로, 최근 새롭게 개장해 포럼 및 그랜드 커낼숍(p.23 참조)과 경쟁하고 있다. 노드스트롬(Nordstrom), 블루밍데일즈(Bloomingdale's), 딜라스, 메이시, 니먼마커스, 삭스 핍스 애버뉴와 같은 백화점이 들어서 있으며, 보다 작은 규모의 아웃렛에는 폴프랭크(Paul Franks)와 라스베이거스에서 하나뿐인 애플(Apple) 매장이 입점해 있다.

| **위치** 3200 Las Vegas Boulevard South | **Tel** 702-369-8382 | www.thefashionshow.com

Galleria at Sunset
갤러리아 앳 선셋 1 6B

헨더슨 근교에 분수와 연못, 나무들로 둘러싸인 2층짜리 고급 쇼핑몰. 백화점 4곳을 비롯해 110여 개의 상점이 입점해 있고 아동의류(갭키즈(Gap Kids), 짐보리(Gymboree), 키스 풋 로커(Kis Foot Locker)), 운동복, 카메라 사기에 좋다.
| **위치** 1300 Sunset Road, Henderson
| **Tel** 702-434-0202

티퍼니의 값비싼 장식품

| www.galleriaatsunset.com

Las Vegas Outlet Center
라스베이거스 아웃렛 센터 **1 4B**

이 거대한 공장 직판장에서 돈의 가치는 상승한다. 유명 브랜드 의류, 신발, 운동복, 실내복, 전기제품을 상당히 할인된 가격에 살 수 있다. 150여 개가 넘는 상점에 푸드 코트가 2군데 있다.
| **위치** 7400 Las Vegas Boulevard South
| **Tel** 702-896-5599
| www.lasvegasoutletcenter.com

Meadows Mall 메도우즈 몰 **1 3E**

꽤 평판이 좋은 외곽쇼핑몰. 메이시, 딜라스, 시어스(Sears), JC 페니를 기둥으로 2개 층 이상에 걸쳐 총 140여 개의 상점이 입점해 있고 대형 푸드 코트가 한 군데 있다.
| **위치** 4300 Meadows Lane | **Tel** 702-878-4849 | www.themeadowsmall.com

음반

Virgin Megastore 버진 메가스토어 **2 2C**

넓은 매장에 최신 CD, DVD, 컴퓨터 게임, 책, 잡지가 가득하다.
| **위치** Forum Shops at Caesars Palace, 3500 Las Vegas Boulevard South
| **Tel** 702-696-7100
| www.virginmega.com

중고품매매점

The Attic 더 애틱 **2 3G**

세계최대 구제의류점. 노란색과 파란색의 멋진 레트로 장식과 과거 유행했던 의류가 걸려 있는 이곳은 구제스타일의 전당이다.
| **위치** 1018 Main Street
| **Tel** 702-388-4088
| www.theatticlasvegas.com

Charleston Outlet 찰스턴 아웃렛 **2 5F**

라스베이거스 골동품 지역의 중심에 위치한 대형 중고품 할인 판매점. 항상 사람들로 붐비는 이곳에서는 특히 남성 재킷과 셔츠를 눈여겨보자.
| **위치** 1548 East Charleston Boulevard
| **Tel** 702-388-1446

쇼걸 스타일

Bare Essentials Fantasy Fashion
베어 에센셜즈 판타지 패션 **2 1E**

전통적인 라스베이거스 쇼걸-스트리퍼 복장

더 애틱의 모습

을 즐기고 싶다면 이곳이 적격이다. 비키니, 끈 팬티, 통굽구두, 깃털 목도리, 간호사복 등 각종 야한 의상들을 판매한다.
| **위치** 4029 West Sahara Avenue
| **Tel** 702-247-4711

Serge's Showgirl Wigs
서지의 쇼걸 가발 2 1E
다른 곳에서는 다소 음성적인 산업일 수도 있는 가발제조업은 라스베이거스의 중요 비즈니스다. 서지의 눈부신 인조 헤어피스를 붙이기 전에 자신의 차림이 완벽하다고 생각하는 쇼걸은 없을 것이다. 세계 최대의 가발 구매상인 서지의 창고에는 놀랄 만큼 다양한 색상과 스타일의 인모·인조 헤어피스가 쌓여 있다.
| **위치** 953 East Sahara Avenue

패션쇼 몰

개점시간

24시간 영업하는 라스베이거스의 카지노에서 근무하는 종업원들을 위해, 이곳 상점들(식료품점, 세탁소, 주유소 등)의 개점시간은 천차만별이며 24시간 내내 영업을 하기도 한다.
카지노 몰은 10am-11pm 또는 자정까지, 비 카지노 몰과 백화점, 대형 체인은 10am-9pm까지 영업한다.
이보다 규모가 작은 상점들, 특히 주민들을 상대로 하는 상점들은 상대적으로 영업시간이 짧은데, 보통 9am-5pm까지 영업한다.

| **Tel** 702-732-1015
| www.showgirlwigs.com

기념품

Bonanza: The World's Largest Gift Shop 보난자: 세계최대 기념품점 2 3E
이곳에서는 엘비스 가면, 룰렛 휠 시계, 스페셜 카드 같은 라스베이거스의 대중적인 기념품을 살 수 있다.
| **위치** 2460 Las Vegas Boulevard South
| **Tel** 702-385-7359

Bud Jones Company
버드 존스 컴퍼니 1 1D
카지노에 공식적으로 칩을 공급하는 몇 안 되는 곳 중 하나로 반드시 이곳에 들러 지금까지 당신이 꿈꿔온 카지노 전용 케이스에 들어 있는 금으로 새긴 칩을 세트로 맞추자.
| **위치** 3640 South Valley View Boulevard
| **Tel** 702-876-2782
| www.casinovendors.com

Gamblers General Store
갬블러즈 제너럴 스토어:도박꾼 잡화점 2 3G
집을 라스베이거스 카지노처럼 꾸미고 싶다면 이곳에 꼭 들르자. 이곳에는 블랙잭 테이블, 크랩 테이블, 룰렛 휠, 포커칩, 주사위 세트, 슬롯머신, 크루피어 스틱(croupier stick), 딜러의 앞치마 등 모든 소품이 구비되어 있다.
| **위치** 800 South Main Street
| **Tel** 702-382-9903
| www.gamblersgeneralstore.com

House of Blues
하우스 오브 블루스 1A 스트립 지도
만달레이 베이(p.7, 35 참조)의 이 유명한 클럽에서 CD, 책, 티셔츠를 사자.
| **위치** Mandalay Bay, 3950 Las Vegas Boulevard South | **Tel** 702-632-7600

| www.hob.com

Merlin's mystic Shop

멀린의 신비한 상점 1B 스트립 지도

엑스캘리버(p.7 참조)의 마법사가 수정을 다루고, 일요일에는 손금을 보기도 한다.

| **위치** Excalibur, 3850 Las Vegas Boulevard South | **Tel** 702-597-7251

| www.excaliburcasino.com

웨딩숍

개방적인 혼인법과 수많은 결혼식장(p.12 참조), 게다가 카지노에서 무료로 제공하는 알코올 음료까지. 라스베이거스에서는 다른 도시들보다 훨씬 많은 결혼식이 이뤄진다.

도박꾼이 필요한 것 모두

서지의 복잡하고 화려한 머리장식

Bridal Elegance 브라이들 엘레강스 1 3C

단순하고 저렴한 드레스부터 공을 많이 들인 값비싼 드레스까지 다양한 종류의 드레스를 빌릴 수 있다.

| **위치** 3935 West Reno Ave

| **Tel** 1-888-241-8787

| www.bridal-elegance.com

Tuxedo palace 턱시도 팰리스 1 3C

턱시도, 셔츠, 신발, 허리띠를 최대 3일까지 임대할 수 있다.

| **위치** Suite 21, Renaissance Center West, 4001 South Decatur Boulevard

| **Tel** 1-800-777-1884

| www.tuxedopalace.com

Williams Costume Company

윌리엄즈 코스튬 컴퍼니 2 4G

윌리엄즈는 라스베이거스에서도 신기한 결혼의상을 주로 매입하는 곳이다. 만약 로빈 후드(Robin Hood)와 메이드 메리언(Maid Marian)처럼, 혹은 스타트렉 캐릭터처럼 입고 결혼하길 꿈꿔왔다면 이곳을 방문하자.

| **위치** 1226 South Third Street

| **Tel** 702- 384-1384

윌리엄즈 코스튬 컴퍼니의 결혼의상

라스베이거스의 구경거리

라스베이거스는 도박과 결혼의 중심지이면서 '세계 오락의 중심지'이기도 하다. 매일밤 무대에서는 서크 드 솔레의 포스트모더니즘적인 무대에서부터 최신 브로드웨이(Broadway) 히트 뮤지컬, 전통적인 성인 촌극의 마술, 코미디 쇼, 오래된 춤과 노래가 있는 호화찬란한 쇼에 이르기까지 화려한 공연 퍼레이드가 한바탕 벌어진다. 대다수의 공연은 이미 오래전에 손님을 도박테이블에 쉽게 자리할 수 있는 곳에 묶어두려면 오락거리를 제공하는 것이 최고라는 사실을 파악한 카지노 측에서 준비한 것이다. 오늘날 라스베이거스는 지구상 그 어떤 도시보다 더 많은 돈을 공연에 아낌없이 퍼붓는다. 가진 돈을 다 쓸 각오가 되어 있다면, 분명 이 공연들이 상상외로 훨씬 예술적이라는 사실을 쉽게 알아챌 수 있을 것이다.

구경거리 Watch it 뮤지컬에서 스포츠까지

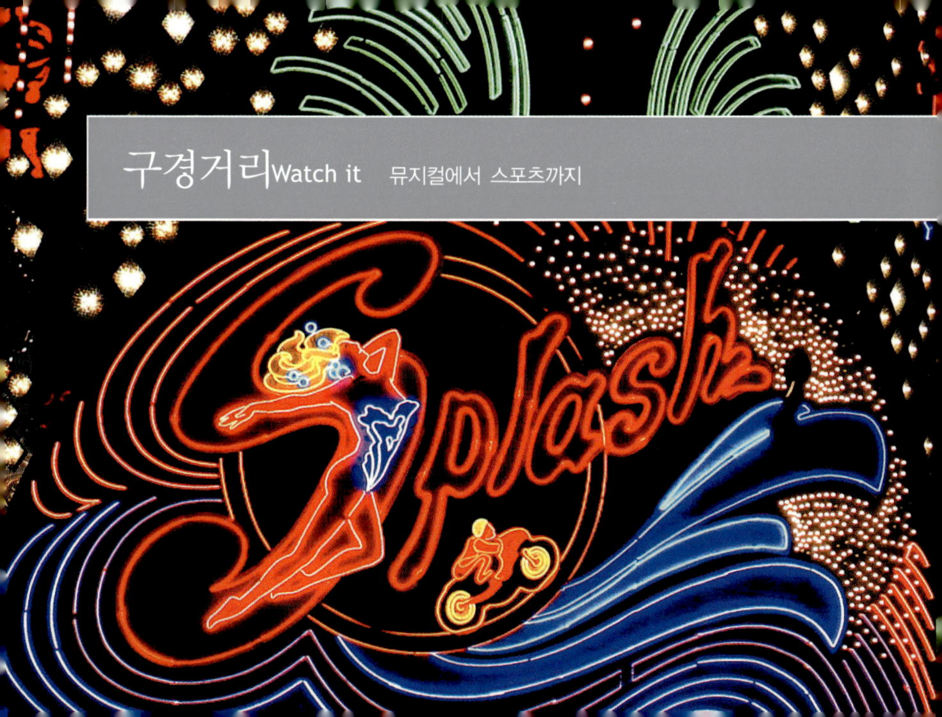

카지노 연출 쇼

대형 카지노면 어디나 쇼를 준비한다. 최고 비싼 공연은 캐나다의 서크 드 솔레 쇼이고 그 밖에 몇몇 카지노에서는 히트 뮤지컬을 무대에 올리고 있다. 또한 가수, 성대모사, 마술사같이 유명한 사람들의 공연과 오래된 버라이어티 촌극이 펼쳐진다.

촌극(Revue)과 뮤지컬

Blue Man Group 블루맨 그룹 1E 스트립 지도

유행 지난 슬랩스틱과 지식 유머에 파란색 가제 악기 연주를 적절히 섞은 아방가르드 트리오의 공연.

| **위치** The Venetian, 3265 Las Vegas Boulevard South | **Tel** 702-262-4400 | www.blueman.com

Folies Bergère 폴리 베르제르 1B 스트립 지도

라스베이거스의 최장기 공연으로 1959년에 초연된 파리 음악과 패션의 축전.

| **위치** Tropicana, 3801 Las Vegas Boulevard South | **Tel** 702-739-2411 | www.tropicanalv.com

Kà 카 1B 스트립 지도

이 서크 드 솔레의 공연은 세계에서 가장 비용이 많이 든 극장용 초대작이다. 숨 막히는 무술시범과 서커스 묘기가 특징이다.

| **위치** MGM Grand, 3799 Las Vegas Blvd South | **Tel** 702-891-7777 | www.ka.com

La Femme 라 펨 1B 스트립 지도

파리의 전설적인 크레이지 호스(Crazy Horse) 쇼의 영감을 받은 '고급' 토플리스 촌극.

| **위치** MGM Grand, 3799 Las Vegas Boulevard South | **Tel** 702-891-7777 | www.mgmgrand.com

엘비스로 변장한 사람

Mamma Mia! 맘마 미아! 1A 스트립 지도

흥겨운 가족용 뮤지컬. 아바(Abba)의 히트곡이 공연 내내 흘러나온다.

| **위치** Mandalay Bay, 3950 Las Vegas Boulevard South | **Tel** 877-632-7400 | www.mandalaybay.com

Mystère 미스테어 1E 스트립 지도

서크 드 솔레의 본래 라스베이거스 쇼. 호화롭고 환상적인 현대식 서커스의 집합체로 여전히 인기가 높다.

| **위치** TI, 3300 Las Vegas Boulevard South | **Tel** 702-796-9999 | www.cirquedusoleil.com

O 오 1C 스트립 지도

70명이 넘는 서크 드 솔레의 곡예사와 잠수부, 수중발레 댄서들이 전용극장에서 호화로운 수중곡예를 선보인다.

| **위치** Bellagio, 3600 Las Vegas Boulevard South | **Tel** 702-796-9999 | www.cirquedusoleil.com

Tournament of Kings 토너먼트 오브 킹: 왕의 마상시합 1B 스트립 지도

마법, 춤추는 소녀, 마상시합과 싸우는 기사. 레이저와 특수효과가 일품.

| **위치** Excalibur, 3850 Las Vegas Boulevard South | **Tel** 702-597-7600 | www.excaliburcasino.com

Zumanity 주마니티 1B 스트립 지도

서크 드 솔레의 최초 '성인' 쇼.

| **위치** New York-New York, 3790 Las Vegas Blvd South | **Tel** 702-740-6815 | www.zumanity.com

가수

Celine Dion 셀린 디온 1D 스트립 지도

극적인 무대장치가 꾸며져 있는 4,000석 규모의 콜로세움이다. 관객으로 가득 찬 디온의 공연을 보면 감동하지 않을 수 없다. 엘튼 존은 매년 짧은 기간 동안 이곳에서 그의 레드 피아노(Red Piano) 쇼를 펼친다.

| **위치** Caesars Palace, 3500 Las Vegas Boulevard South | **Tel** 702-731-7865 | www.caesarspalace.com

Wayne Newton 웨인 뉴턴 1E 스트립 지도

1년에 40주를 대형 공연장에서 머무는 웨인 뉴턴이 없다면 라스베이거스는 더 이상 라스베이거스가 아니다.

| **위치** Stardust, 3900 Las Vegas Boulevard South | **Tel** 702-732-6111 | www.stardustlv.com

성대모사

American Superstars 아메리칸 슈퍼스타 2G 스트립 지도

열정적인 팝가수의 모창 퍼레이드. 라이브

불야성을 이룬 라스베이거스 스트립

밴드의 반주에 맞춰 리키 마틴, 마돈나, 마이클 잭슨 등을 따라한다.

| **위치** Stratosphere, 2000 Las Vegas Boulevard South | **Tel** 702-380-7711 | www.stratosphere.com

An Evening at La Cage 라 케이지에서의 어떤 저녁 2F 스트립 지도

'세계 최고의 여장남자'가 조안 리버스, 라이자 미넬리, 마돈나, 다이애나 로스 같은 스타들이 공연한 역할을 맡아 선보이는 외설적인 여장쇼.

| **위치** Riviera, 2901 Las Vegas Boulevard South | **Tel** 702-794-9433 | www.theriviera.com

Danny Gans 대니 갠스 1D 스트립 지도

갠스의 공연은 항상 최고의 선택이다. 이 재능 있는 성대모사 코미디언은 미라지에 1,250석 규모의 전용극장을 소유하고 있다. 어찌 보면 진부하고 감상적인 것 같지만 잘 짜인 각본과 무대 매너로 관객들을 한순간에 사로잡는다. 예약하지 않으면 표 구하기가 어렵다.

| **위치** Mirage, 3400 Las Vegas Boulevard South | **Tel** 702-792-7777 | www.themirage.com

마술

The Amazing Johnathan 어메이징 조나단 2F 스트립 지도

유쾌한 심야 코미디 마술. 최고의 마술에 조나단의 매력적인 괴짜 놀음이 가미된다.

| **위치** Riviera, 2901 Las Vegas Blvd South | **Tel** 702-794-9433 | www.amazingj.com

Lance Burton: Master Magician 랜스 버튼: 마술의 대가 1B 스트립 지도

이 노련한 라스베이거스 마술사는 재빠른 손놀림으로 속임수와 환상을 펼친다. 그의 가장 큰 장기는 깔끔한 비둘기 마술로 비둘기 마술계의 대부로 불린다. 라스베이거스에서 아이들에게 가장 인기가 높은 쇼다.

신나는 댄스 클럽 스튜디오 54

| **위치** Monte Carlo, 3770 Las Vegas Boulevard South
| **Tel** 702-730-7160
| www.monte-carlo.com

Mac King 맥 킹 1D 스트립 지도

이 단순하고 유쾌한 코미디 마술쇼는 정말 볼 만하다.(오후만 공연)
| **위치** Harrah's, 3475 Las Vegas Blvd South | **Tel** 702-369-5111
| www.harrahs.com

Penn & Teller 펜 & 텔러 2 1C

과장이 없는 마술쇼를 좋아한다면 이 무표정한 얼굴의 듀오가 딱이다.
| **위치** Rio, 3700 West Flamingo Rd
| **Tel** 702-777-7776
| www.pennandteller.com

영화관

Luxor IMAX Theater
럭소르 아이맥스 극장 1A 스트립 지도

눈부신 3-D의 호화찬란한 영상이 5층 높이의 스크린에서 펼쳐진다.
| **위치** Luxor, 3900 Las Vegas Boulevard South | **Tel** 702-262-4000

United Artists Showcase 예술인 연합 전시장 1B 스트립 지도

스트립에 위치한 대형 현대식 복합영화관.
| **위치** Showcase Mall, 3769 Las Vegas Boulevard South
| **Tel** 702-222-3456

코미디 클럽

The Improv 더 임프라브 1D 스트립 지도

| **위치** Harrah's, 3475 Las Vegas Boulevard South
| **Tel** 702-369-5111
| www.harrahs.com

Riviera Comedy Club
리비에라 코미디 클럽 2F 스트립 지도

| **위치** Riviera, 2901 Las Vegas Boulevard South | **Tel** 702-794-9433
| www.theriviera.com

The Second City 더 세컨드 시티
1D 스트립 지도

| **위치** The Flamingo, 3555 Las Vegas Boulevard South | **Tel** 702-733-3333
| www.flamingolasvegas.com

댄스 클럽

본래 라스베이거스에는 10년 전만 해도 클럽 문화가 존재하지 않았으나 지금은 세계적인 수준이다. 대형 카지노는 대부분 나이트클럽을 소유하고 있으며 매일밤 유명 DJ를 초청해 사람들을 가득 불러 모은다.

The Beach 더 비치 2E 스트립 지도

계속해서 파티가 벌어져 지역의 젊은이들과 관광객에게 인기가 있는 거대한 댄스 클럽.
| **위치** 365 Convention Center Drive
| **Tel** 702-731-1925
| www.beachlv.com

Club Ra 클럽 라 1A 스트립 지도

이집트풍으로 꾸민 이곳에는 2개의 라운지

와 바가 있고 댄스 구역에는 환상적인 빛의 쇼가 벌어진다. 청바지와 운동화 차림은 입장할 수 없다.
| **위치** Luxor, 3900 Las Vegas Boulevard South | **Tel** 702-992-7970

Krave 크레이브 1C 스트립 지도
스트립에서 가장 가까운 동성애자 전용 클럽. 주말에는 '페티시 촌극(fetish revue)'을 공연한다.
| **위치** 3663 Las Vegas Boulevard South
| **Tel** 702-836-0830
| www.kravelasvegas.com

Rain 레인 2 1C
선풍적인 인기를 끌고 있는 최신식 댄스 클럽. 멋진 물 효과가 인상적이다.
| **위치** The Palms, 4321 West Flamingo Road
| **Tel** 702-942-7246
| www.rainatthepalms.com

Rumjungle 럼정글 1A 스트립 지도
열대지방을 주제로 한 활기차고 붐비는 바-클럽에서 라틴의 풍미를 느껴보자. 상상할 수 있는 모든 종류의 칵테일을 마실 수 있다. 고고(go-go) 댄서와 불쇼가 특징.
| **위치** Mandalay Bay, 3950 Las Vegas Boulevard South
| **Tel** 702-632-7408

Studio 54 스튜디오 54 1B 스트립 지도
그리운 1970년대 뉴욕의 쾌락이 넘치는 나이트클럽을 재현. 항상 터질 듯이 붐비는 이곳의 4개 층에는 각각 바가 하나씩 있다.
| **위치** MGM Grand, 3799 Las Vegas Boulevard South | **Tel** 702-891-7254
| www.studio54lv.com

라운지

1950년대 이후로 라스베이거스 밤놀이의 중심으로 자리 잡은 라운지에는 공연(p.30-31 참조)과는 다른 즐거움이 있다. 대체로 카지노 층에서 펼쳐지며 도박하던 사람들이 원할 때 수시로 드나들 수 있다. 음료 한 잔 값으로 가수, 작은 밴드, 복화술사의 공연을 즐길 수 있다.

Coral Reef Lounge
코럴 리프 라운지 1A 스트립 지도
열대지방을 주제로 한 이 라운지에서는 새벽까지 살사와 팝을 연주한다.
| **위치** Mandalay Bay, 3950 Las Vegas Boulevard South | **Tel** 702-632-7777

Gaudi Bar 가우디 바 1 6B
정말 색다른 라운지. 환각을 일으키는 독버섯 같은 외관은 스페인 건축가 가우디(Gaudì)를 기리기 위한 것이다.
| **위치** Sunset Station, 1301 W Sunset Road, Henderson | **Tel** 702-547-7777

럼정글의 외부 간판

클럽 입장 정보

VIP가 아닌 일반인이 피크 타임에 인기가 좋은 클럽에 입장하려면 줄을 서서 기다려야 한다. 그러니 너무 늦게 도착하진 말자. 대부분의 저녁시간을 줄을 서다 허비할 수 있다.
남성들끼리 가는 것보다 여성들끼리 가는 것이 항상 쉽고 저렴하게 입장할 수 있는 방법이다. 입장료는 보통 $20 정도다.

Ghostbar 고스트바 2 1C

새로운 종류의 '울트라 라운지' 중에서도 가장 유명한 곳. 라스베이거스의 웅장한 모습을 볼 수 있는 최신 유행 술집이다.
| **위치** The Palms, 4321 West Flamingo Road | **Tel** 702-940-7777
| www.ghostbar.com

Lagoon Saloon 라군 살롱
1D 스트립 지도

미라지의 인공 열대다우림에 위치. 열대식물과 폭포에 둘러싸여 앵무새가 지저귀는 소리를 배경삼아 듣기 편한 음악이 흘러나온다.
| **위치** The Mirage, 3400 Las Vegas Boulevard South | **Tel** 702-791-7111

Quark's Bar 쿼크스 바 2F 스트립 지도

우주시대 칵테일과 안주가 제공되는 공상과학 라운지도 스타트렉 체험(p.14 참조)에서 무료입장이 가능하다.
| **위치** Las Vegas Hilton, 3000 Paradise Road | **Tel** 702-697-8725

Starlight Lounge 스타라이트 라운지
1F 스트립 지도

라스베이거스의 옛 매력으로 가득한 이곳에서 한잔하면 자연히 프랭크와 디노(Dino)가 생각난다. 가수와 코미디언의 즐거운 공연을 볼 수 있다.
| **위치** Stardust, 3000 Las Vegas Boulevard South | **Tel** 702-732-6111

더 조인트의 지붕에 있는 거대한 기타

음악

클래식 음악

Artemus W Ham Concert Hall
아티머스 W 햄 콘서트 홀 1 4C

클래식 공연이 많지 않은 라스베이거스에서 이곳은 최고의 클래식 공연장이자 라스베이거스 필하모닉의 근거지다.
| **위치** University of Nevada Las Vegas, 4505 South Maryland Parkway
| **Tel** 702-895-2787

재즈 & 블루스

Sand Dollar Blues Lounge
샌드 달러 블루스 라운지 2 2D

매일같이 밴드가 공연하는 진지한 분위기의 믿을 만한 블루스 바.
| **위치** 3355 Spring Mountain Road
| **Tel** 702-871-6651

록 & 팝

House of Blues 하우스 오브 블루스
1A 스트립 지도

이 1,900석 규모의 공연장은 전국 체인임에도 불구하고 펑키한 실내장식과 함께 고유의 감성을 지니고 있다. 코미디언과 DJ, 가스펠 가수, 블루스 연주자, 현대식 록 공연 등 폭넓은 프로그램이 특징.
| **위치** Mandalay Bay, 3950 Las Vegas

색다른 라운지 가우디 바

Boulevard South | **Tel** 702-632-7600 | www.hob.com

The Joint 더 조인트 2 3C

하드록의 1,400석 규모의 공연장인 이곳은 대형 로커(롤링 스톤스, U2, 스팅, 밥 딜런)의 공연을 친숙한 소형무대에서 볼 수 있는 몇 안 되는 곳이다.

| **위치** Hard Rock Hotel, 4455 Paradise Road | **Tel** 702-693-5066 | www.hardrockhotel.com

Mandalay Bay Events Center

만달레이 베이 이벤트 센터 1A 스트립 지도

이 1만 2,000석 규모의 대형 행사장에서는 중요한 타이틀 매치나 브리트니 스피어스, 엘튼 존 같은 가수들의 콘서트가 열린다.

| **위치** Mandalay Bay, 3950 Las Vegas Boulevard South | **Tel** 702-632-7580

MGM Grand Garden Arena

MGM 그랜드 가든 아레나 1B 스트립 지도

1만 7,000석 규모의 시에서 가장 큰 공연장. 롤링 스톤스, 바브라 스트라이샌드, 글로리아 에스테판 등의 콘서트가 열린다.

| **위치** MGM Grand, 3799 Las Vegas Boulevard South | **Tel** 702-891-7777

스포츠

권투

세계 그 어떤 곳보다 더 많은 세계타이틀 매치가 이곳 라스베이거스에서 벌어진다. 보통

표 구하기

이름난 대형 쇼(미스테어, 오, 셀린 디온, P.30-32 참조)를 보고자 한다면 미리 예매하라.

공연이 펼쳐지는 호텔에 묵고 있다고 해도 공연 당일에 표를 구하는 일은 거의 불가능하다.

인기가 좀 덜한 쇼의 경우, 직접 매표소에 가보는 것도 좋은 방법이다. 이 경우 비싼 예매수수료를 내지 않아도 되고, 반값 쿠폰이나 매표소에서 그날 제공하는 혜택을 받을 수도 있다.

표 판매 대리점은 다음과 같다.

티켓마스터(Ticketmaster)
| Tel 702-474-7000
| www.ticketmaster.com

올스테이트 티켓팅(Allstate Ticketing)
| Tel 702-547-5970

표 가격은 중간 규모의 쇼의 경우 $30 정도, 이름 있는 대형쇼의 경우 $70-100 정도, 셀린 디온이나 엘튼 존의 쇼의 경우라면 $200 이상을 호가한다.

MGM 그랜드, 미라지, 만달레이 만, 시저스 팰리스에서 펼쳐지며 중요 헤비급 매치의 경우 링사이드석 가격은 $2,000 이상이다.

등산

Sky's the Limit Climbing School, Guide Service & Indoor Climbing Center 스카이스 더 리미트 클라이밍 스쿨, 가이드 서비스 & 인도어 클라이밍 센터라스 라스베이거스 근교 지도

등산을 하고 싶다면 가이드와 함께 레드록캐니언(Red Rock Canyon)을 오르기 전에 이 400평 규모의 등산시설에서 '톱로핑(top-roping)'과 '볼더링(bouldering)'을 연습할 수 있다.

| **위치** HCR 33 Box 1, Calico Basin, Red Rock | **Tel** 702-363-4533
| www.skythelimit.com

택시기사에게 물어보라

다음으로 어떤 공연을 볼지 정하지 못하겠다고?
그렇다면 라스베이거스를 운행하는 택시기사에게 물어보라(다소 빈정대겠지만).
주요 카지노 쇼는 혹시나 택시기사들이 승객들에게 자신들의 쇼를 추천할까 싶어 그들에게 공짜표를 나눠주기도 한다.

자전거 타기

Escape Adventures
이스케이프 어드벤처 1 2D

이곳에서 자전거를 빌려 레드록캐니언에서 자전거 여행을 해보자.

호텔 풀장에서의 수영

| **위치** Unit 101, 8221 West Charleston Boulevard | **Tel** 702-596-2953

낚시

미드 호(p.14 참조)에서 낚시를 할 수 있다. 그전에 반드시 네바다 야생동물부(Nevada Division of Wildlife)에서 낚시허가증을 사야 한다.($15).
| **위치** 4747 Las Vegas Drive
| **Tel** 702-486-5127
http://ndow.org

골프

세계의 유명한 코스를 똑같이 재현한 이곳의 골프장에는 영국풍 링크코스도 있고 열대섬 코스도 있다. 골프는 인기가 좋아 종종 정원 이상을 예약받기도 한다.

Bali Hai Golf Club 발리 하이 골프 클럽
1A 스트립 지도

만달레이 만 리조트 옆에 위치한 아름다운 '열대섬' 코스.
| **위치** 5160 Las Vegas Boulevard South
| **Tel** 888-823-4145

Desert Pines Golf Club
데저트 파인즈 골프 클럽 1 5E

소나무를 따라 페어웨이가 나 있다. 스트립에서 15분 거리에 위치.
| **위치** 3415 East Bonanza

필드에서 스윙을

| **Tel** 702-338- 4400

Las Vegas Golf Club
라스베이거스 골프 클럽 **1 3E**
친절하고 저렴한 시영골프장.
| **위치** 4300 West Washington Avenue
| **Tel** 702-646-3003

Royal Links Golf Club
로열 링크스 골프 클럽 **1 6D**
세인트앤드루스의 '로드홀(Road Hole)'과 트룬(Troon)의 '우표 딱지(Postage Stamp)'가 이곳에도 있다.
| **위치** 5995 East Vegas Valley Drive
| **Tel** 702-450-8123

승마

Rocky Trails 로키 트레일즈
라스베이거스 근교 지도
가이드와 함께 레드록캐니언(p.15 참조)을 돌아보는 승마 투어.
| **위치** PO Box 371324 | **Tel** 888-867-6259 | www.rockytrails.com

자동차 경주

Las Vegas Motor Speedway
라스베이거스 모터 스피드웨이 **1 5F**
이 180만 평에 달하는 종합시설에서 드레그 레이스(drag race, 자동차 가속경주)와 NASCAR 랠리가 펼쳐진다.
| **위치** 6001 Las Vegas Boulevard North
| **Tel** 702 644 4444 | www.lvms.com

수영

주요 호텔이면 어디나 풀장을 갖추고 있다. 보통은 투숙객만 사용할 수 있다. 인공해변과 급류기가 있는 만달레이 만과 베니션 그리고 플라밍고가 이 중 최고의 풀장이다. 10월에서 3월까지는 수온이 낮아 수영하기에 좋지 않다.

테니스

호텔에는 일반인도 사용료를 내고 사용할 수 있는 테니스 코트가 마련되어 있으며 투숙객 전용 코트도 따로 있다.
다음의 코트는 임대가 가능하다.

지금 무슨 일이?

라스베이거스 관광청(Las Vegas Convention and Visitors Bureau)(**1 3D**)은 각종 쇼에 관한 무료 안내서를 발간하고 있다. 그러나 더 객관적인 정보를 얻고 싶다면 《라스베이거스 리뷰 저널*Las Vegas Review Journal*》의 금요일 공연정보 네온(Neon)을 살펴보자. 잡지 《쇼비즈*Showbiz*》와 《왓츠온*What's On*》에서 제공한 정보가 실려 있다.

Pro Tennis Inc 프로 테니스 주식회사 **2 3E**
| **위치** 300 Joe W Brown Drive
| **Tel** 702-732-1861

The Sports Club Las Vegas
더 스포츠클럽 라스베이거스 **1 5B**
| **위치** 2100 Olympic Avenue
| **Tel** 702-454-6000

Sunset County Park
선셋 카운티 파크 **1 5B**
| **위치** 2601 East Sunset | 702-260-9803

수상 스포츠

미드 호(p.14 참조)에서는 수상스키, 윈드서핑, 보딩, 스쿠버 다이빙 등 각종 수상 스포츠를 즐길 수 있다.

라스베이거스의 먹을거리

라스베이거스는 지루하다는 말이 나올 수 없는 곳이다. 그러나 최근까지 이곳의 음식은 ¢99짜리 특별아침메뉴와 얼마든지 먹을 수 있는 뷔페가 대부분이었다. 즉, 질이 아닌 양이 중요했다. 그러나 1990년대 초반 시저스 팰리스의 포럼에 이곳의 첫 번째 고급 레스토랑인 스파고가 개점하면서 이러한 분위기는 바뀌기 시작한다. 아마도 그 원인은 계속해서 증가하는 라스베이거스의 인구라고 생각되며, 음식에 돈을 쓰고 싶다는 도박꾼의 의향은 분명 아닐 것이다. 어쨌든 지금은 좋은 식사가 대세여서 다른 카지노도 이러한 요구를 따르고 있다. 현재 벨라지오, MGM 그랜드, 베니션이 각각 5군데 정도의 최고급 레스토랑을 보유하고 있다. 그 결과 라스베이거스는 이제 미국 내에서도 요리에 대한 관심이 가장 높은 곳에 속한다.

먹을거리 Taste it 현지 음식에서 세계 전통요리까지

가격 표시

무알코올 음료를 포함한 3코스 식사 기준

$ = $20 이하

$$ = $20-30

$$$ = $30-50

$$$$ = $50 이상

파리 호텔의 에펠탑 레스토랑

전망 좋은 레스토랑

Eiffel Tower Restaurant

에펠탑 레스토랑 **$$$$** 1C 스트립 지도

유리 엘리베이터를 이용해 도착한 이 레스토랑은 스트립의 아름다운 전망을 볼 수 있는 파리 호텔 에펠탑의 중간쯤에 위치한다. 벨라지오 측 자리를 선택하면 분수쇼를 볼 수 있다. 이곳의 프랑스 요리는 전반적으로 훌륭하나 창의적이지는 않다. 아름다운 전망을 보며 만족하자. 저녁식사만 가능.

| **위치** Paris, 3655 Las Vegas Boulevard South | **Tel** 702-948-6937

| www.eiffeltowerrestaurant.com

Mon Ami Gabi

모나미 가비 **$$-$$$** 1C 스트립 지도

에펠탑 레스토랑과 운영하는 사람이 같지만 모나미 가비의 가격대는 훨씬 합리적이다. 프랑스의 작은 음식점을 연상시키는 이곳에서는 맛있는 음식을 배불리 먹을 수 있다. 파리 스타일의 사람들을 구경하려면 인도 쪽 자리에 앉자. 저녁 식사만 가능.

| **위치** Paris, 3655 Las Vegas Boulevard South | **Tel** 702-944-4224

| www.paris-lv.com

Olives 올리브즈 **$$-$$$$** 1C 스트립 지도

고급스러우면서도 느긋한 분위기의 레스토랑. 야외 테라스에서는 벨라지오의 호수가 내려다보이고 점심에는 맛있는 샌드위치와 특별메뉴가, 저녁에는 고급 지중해풍 요리가 나온다.

| **위치** Bellagio, 3600 Las Vegas Boulevard South | **Tel** 702-693-7223

| www.bellagio.com

Prime 프라임 **$$$** 1C 스트립 지도

벨라지오 분수가 보이는 고급 스테이크하우스. 스테이크와 닭요리, 생선요리는 모두 매콤한 소스와 머스터드가 함께 나온다. 저녁 식사만 가능.

| **위치** Bellagio, 3600 Las Vegas Boulevard South

| **Tel** 877-234-6358

| www.bellagio.com

Top of the World

탑 오브 더 월드 **$$$-$$$$** 2G 스트립 지도

스트래터스피어의 맨 꼭대기에 위치한 이 회전 레스토랑은 라스베이거스에서 가장 로맨틱한 곳으로 연이어 선정되고 있다. 해질 무렵에 지평선으로 해가 저물어가는 광경을 놓치지 말자. 이유는 가보면 안다. 저녁 식사만 가능.

| **위치** Stratosphere, 2000 Las Vegas Boulevard South

| **Tel** 702-380-7711

| www.stratospherehoTel.com

프라임의 고급 식당

미국 요리

America 아메리카 **$-$$** 1B 스트립 지도

미국을 종합적으로 느껴보자. 거대한 미국 지도 아래에서 미국 전역의 오래된 포스터를 바라보며 50개 주 각각의 특징을 담은 메뉴(텍사스 칠리, 루이지애나 클램 차우더(clam chowder))를 시식할 수 있다. 라스베이거스의 분위기와 잘 어울리며 가격도 적당하다. 24시간 영업.

| **위치** New York-New York, 3790 Las Vegas Boulevard South

| **Tel** 702-740-6451

| www.nynyhotelcasino.com

Aureole 오레올 **$$$$** 1A 스트립 지도

최고의 현대 미국식 레스토랑. 총 4개 층이 있고 1만여 개가 넘는 와인병을 보관하는 '와인 타워(wine tower)'가 인상적이다. 저녁식사만 가능.

| **위치** Mandalay Bay, 3950 Las Vegas Boulevard South | **Tel** 702-632-7401

| www.aureolelv.com

맛있는 뷔페 디저트들

최고의 뷔페

라스베이거스 협회(Vegas Institution)에서는 어느 음식점이 좋을지 잘 모를 경우 카지노에서 해결할 수 있다고 말한다. 카지노의 음식은 로스트 미트(roast meat)와 해산물에서부터 샐러드와 갓 구운 페이스트리(pastry)에 이르기까지 믿기 어려울 만큼 푸짐하며, 게다가 가격까지 정말 저렴하다.

최고로 치는 벨라지오와 파리의 식도락 뷔페의 가격대는 $25 정도다.

골든 너겟, 미라지, 팜스, 리오(p.6-12 참조) 등의 카지노에서 제공하는 뷔페는 전통적이면서 이보다 가격이 저렴하고 맛도 훌륭하다.

Cheesecake Factory

치즈케이크 팩토리 **$-$$** 1D 스트립 지도

간식이나 가벼운 점심거리를 먹으며 사람들을 관찰할 수 있는 치즈케이크 팩토리는 파스타, 피자, 샌드위치 등 총 200여 가지 이상의 메뉴를 판매한다. 특히 치즈케이크의 맛은 끝내준다.

| **위치** The Forum Shops, Caesars

레스토랑 예약

특별히 표시가 되어 있지 않은 곳은 모두 점심 및 저녁 식사가 가능한 장소이다. $$$ 또는 그 이상으로 표시되어 있는 고급 레스토랑은 미리 예약해야 한다(30일 전부터 예약 가능).

Palace, 3500 Las Vegas Boulevard South | **Tel** 702-792-6888 | www.thecheesecakefactory.com

Commander's Palace

커맨더스 팰리스 **$$-$$$** 1C 스트립 지도

뉴올리언스의 크리올(Creole) 요리. 이곳의 메뉴는 해산물이 대부분이고(다량의 새우, 걸프 피시(Gulf fish, 게) 크림색과 블랙으로 우아하게 꾸며진 식당은 숙련된 요리사가 요리하는 주방과 연결되어 있다.

| **위치** Desert Passage, Planet Hollywood, 3663 Las Vegas Boulevard South | **Tel** 702-892-8272 | www.commanderspalace.com

Fatburger 팻버거 **$** 1B 스트립 지도

양파와 치즈, 각종 양념이 더해진 직화구이 버거. 상을 줄 정도는 아니지만 어쨌든 배고픔은 달랠 수 있다. 24시간 영업.

지점 | **위치** 3763 Las Vegas Boulevard South | **Tel** 702-736-4733

지점 | **위치** 4851 West Charleston Boulevard | **Tel** 702-870-4933 | www.fatburger.net

Mr Lucky's 24/7

미스터 럭키스 24/7 **$-$$** 2C 스트립 지도

24시간 영업하는 완벽한 라스베이거스식 커피숍. 일부러 저속한 분위기를 유지하며 높은 수준의 가장 미국적인 식사를 제공한다. 24시간 영업.

| **위치** Hard Rock Hotel, 4455 Paradise Road | **Tel** 702-693-5000 | www.hardrockhoTel.com

완벽한 야채 요리

Rosemary's로즈메리스 **$$$** 2D

로즈메리스는 관광객뿐만 아니라 지역 주민한테도 인기가 높다. 마이클 조던이 경영하는 이곳은 유럽식을 가미한 연어, 양구이 등의 미국 대표 음식을 취급한다. 월-금 점심 식사 가능, 매일 저녁 식사 가능

| **위치** 8125 West Sahara Avenue | **Tel** 702-869-2251

Spago 스파고 **$$$$** 1D 스트립 지도

독창적인 현대 미국식 메뉴를 맛볼 수 있는 이곳은 라스베이거스의 요리 혁명이 시작된 곳이다. 점심과 저녁에는 합리적인 가격대의 카페로, 저녁에는 레스토랑으로 영업한다.

| **위치** The Forum Shops, Caesars Palace, 3500 Las Vegas Boulevard South | **Tel** 702-369-0360 | www.wolfgangpuck.com

프랑스 요리

Bouchon부숑 **$$-$$$** 1E 스트립 지도

라스베이거스에서 가장 인기 있는 최고급 레스토랑. 토머스 켈러(Thomas Keller)의 프랑스풍의 작은 음식점이 베니션의 베네치아 타워(Venezia Tower)의 10층으로 옮겨와 놀랄 만큼 합리적인 가격에 훌륭한 프랑스 음식을 선보인다.

| **위치** The Venetian, 3355 Las Vegas

피카소의 세련된 바

Boulevard South | **Tel** 702-414-6200 | www.venetian.com

Le Cirque
르 시르크 **$$$$** 1C 스트립 지도

마르크 푸아드뱅(Marc Piodevin)이 경영하는 최고 호화로운 프랑스 요리점. 트뤼플(truffle, 서양 송로), 푸아 그라(foie gras, 거위간), 로브스터(lobster, 바다가재) 등이 나오며 정말 비싸고 고급스럽다. 저녁식사만 가능.

| **위치** Bellagio, 3600 Las Vegas Boulevard South | **Tel** 702-693-8100 | www.lecirque.com

Picasso
피카소 **$$$$** 1C 스트립 지도

상이란 상은 모두 휩쓸고 있는 곳. 이곳의 프랑스·지중해식 요리는 엄청나게 비싸지만 이곳 아니면 '캐러멜이 묻혀진 풋사과와 다마사슴 메달리온(Medallion)'은 먹을 수 없다. 그리고 벽에 걸린 그림들은 모두 진품이다. 저녁 식사만 가능.

| **위치** Bellagio, 3600 Las Vegas Boulevard South | **Tel** 702-693-7223 | www.bellagio.com

이탈리아 요리

Il Fornaio
일 포르나이오 **$-$$$** 1B 스트립 지도

이 훌륭한 이탈리아 레스토랑에서 식사를 하다 보면 실제로는 뉴욕-뉴욕 카지노 층에 있지만 마치 별이 빛나는 밤하늘 아래에 있는 듯한 착각에 빠진다. 이곳은 로맨틱한 식사 장소일 뿐 아니라 일류 피자 가게이다. 게다가 이른 아침에는 델리 카페(deli-café)로도 변신한다.

| **위치** New York-New York, 3790 Las vegas Boulevard South
| **Tel** 702-650-6500 | www.ilfornaio.com

Osteria del Circo
오스테리아 델 씨르코 **$$-$$$** 1C 스트립 지도

뉴욕 본점의 라스베이거스 분점인 이곳은 지난 몇 년 동안 수석 주방장 시리오 마치오니(Sirio Maccioni)가 뛰어난 창의력을 도입하면서 고유의 개성을 가지게 되었다.

| **위치** Bellagio, 3600 Las Vegas Boulevard South | **Tel** 702-693-8150
| www.osteriadelcirco.com

Vialé
비알레 **$-$$$** 1D 스트립 지도

사랑스러운 이탈리아식 카페. 시저스 쪽 인도

세련된 테이블 세팅

에 있어 사람들을 관찰하기에 그만이다. 이곳의 메뉴는 점심용 샌드위치부터 정통 이탈리아식 만찬까지 다양하다.

| **위치** Roman Plaza, Caesars Palace, 3500 Las Vegas Boulevard South

| **Tel** 702-731-7110 | www.caesars.com

Zeffirino

제피리노 **$$-$$$$** 1E 스트립 지도

운하 쪽에 위치한 편안하고 아늑한 작은 음식점. 이곳은 '옛 이탈리아'의 감성이 묻어난다. 해산물 중심의 베네치아풍 음식(검은 바다가재 라비올리(ravioli)를 먹어보라)이 많고 일 년 내내 사람들로 붐비는 유명한 페스토(pesto : 면 음식점)다.

| **위치** Grand Canal Shoppes, The Venetian, 3355 Las Vegas Boulevard South | **Tel** 702-414-3500

| www.venetian.com

일본 요리

Benihana Village

베니하나 빌리지 **$$-$$$** 2F 스트립 지도

주방장이 요리를 만드는 모습을 보고 싶은 사람들은 이곳 히바치(hibachi) 레스토랑에서 큰 즐거움을 느낄 것이다. 일단 고객이 메뉴를 선택하면, 주방장은 재료를 고객의 자리로 가져와 번쩍이는 칼과 과장된 몸짓이 특징인 닌자 스타일로 요리한다.

| **위치** Las Vegas Hilton, 3000 Paradise Road

| **Tel** 702-732-5755

| www.benihana.com

Nobu 노부 $$$-$$$$ 2C 스트립 지도

유행을 선도하는 이곳은 뉴욕, 로스앤젤레스, 런던에도 분점이 있는 성공적인 체인점이다. 기본적으로 초밥, 덮밥과 같은 일본 음식에 국제적인 요소를 가미했다. 대나무 벽과 옥으로 만든 초밥 바를 보러 가자.

| **위치** Hard Rock, 4455 Paradise Road

| **Tel** 702-693-5090

| www.nobumatsuhisa.com

Todai Seafood Buffet

토다이 해산물 뷔페 **$-$$** 1C 스트립 지도

일본 음식을 좋아한다면 토다이에 꼭 가보자. 토다이는 부담 없이 뛰어난 일본 음식을 얼마든지 먹을 수 있는 뷔페로 초밥, 회, 면류, 조리된 고기 등 상상 가능한 모든 일본 음식을 먹을 수 있다.

| **위치** Desert Passage, Planet Hollywood, 3663 Las Vegas Boulevard South

| **Tel** 702-892-0021

개점시간

대체로 저렴한 레스토랑이 더 오랜 시간 영업한다.
각 호텔마다 있는 두어 군데의 패스트푸드 점과 커피숍은 24시간 내내 영업한다.
뷔페는 일반적으로 아침, 점심, 저녁 시간 모두 영업하고, 고급 레스토랑은 영업시간을 제한하는 경향을 보인다.
고급 레스토랑은 일반적으로 저녁 식사 시간인 6pm에 개점해서 비교적 이른 시각인 9.30pm 정도에 마지막 주문을 받는다.
개점시간을 알아두어 이용에 차질이 없도록 하자.

멕시코 요리

Border Grill
보더 그릴 **$-$$$** 1A 스트립 지도

입이 얼얼하게 매콤한 칠리를 먹고 나면 아무리 지독한 감기라도 낫지 않고는 못 배길 것이다. 요리사 수잔 퍼니거(Susan Feniger)와 메리 수 밀리켄(Mary Sue Milliken)은 맛과 스타일이 검증된 전통요리법을 사용한다.
| **위치** Mandalay Bay, 3950 Las Vegas Boulevard South | **Tel** 702-632-7403
| www.millikenandfeniger.com

Isla 이슬라 **$-$$$** 1E 스트립 지도

가장 참신하고 세련된 새 멕시코 레스토랑. 독창적인 유카테칸(Yucatecan) 요리가 전문이며 수많은 종류의 테킬라가 놀라움을 자아낸다.
| **위치** Treasure Island, 3300 Las Vegas Boulevard South | **Tel** 702-894-7111
| www.treasureisland.com

Margarita's Mexican Cantian 마르가리타스 멕시칸 칸티나: 마르가리타의 멕시코 술집
$-$$ 1E 스트립 지도

멕시코풍으로 꾸며져 옛 라스베이거스의 멋이 일부 남아 있는 이곳에 오면 진짜 매운 멕시코 음식을 쟁반 가득 얹고 싶어진다.
| **위치** The New Frontier, 3120 Las Vegas Boulevard South | **Tel** 702-794-8433
| www.Newfrontierlv.com

해산물 요리

Emeril Lagasse's New Orleans Fish House 에머릴 라가시스 뉴올리언스 피시 하우스 **$$-$$$$** 1B 스트립 지도

연어, 참치, 굴이 에머릴만의 특별한 손질을 거쳐 매콤한 케이준(Cajun) 소스와 함께 나온다.
| **위치** MGM Grand, 3799 Las Vegas Boulevard South | **Tel** 702-891-7374
| www.emerils.com

Michael Mina
마이클 미나 **$$$** 1C 스트립 지도

이 세련된 간이식당에서는 최고의 경지에 오른 숙련된 요리사들이 독창적인 감각을 더해 새로운 해산물 요리를 선보인다.
| **위치** Bellagio, 3600 Las Vegas Boulevard South | **Tel** 702-693-7223
| www.bellagio.com

Roy's 로이스 **$$$** 2 4C

이 환태평양 레스토랑에서도 하와이 본점처럼 라스베이거스에서 가장 타이 향신료의 강한 풍미가 느껴지는 생선 요리를 먹을 수 있다. 육류 요리 또한 만족스럽다. 특히 그날의

먹음직스러운 아이스크림

세트 메뉴는 일품이다. 저녁 식사만 가능.
| **위치** 620 E Flamingo Road
| **Tel** 702-691-2053
| www.roysrestaurant.com

스테이크하우스 (Steakhouses)

Delmonico Steakhouse
델모니코 스테이크하우스 **$$$** 1E 스트립 지도

스테이크와 케이준 요리가 만난 곳. 에머릴 라가세(Emeril Lagasse)는 자신의 마법 같은 솜씨를 발휘해 독창적인 메뉴를 만들어냈다. 스테이크는 미식거리가 될 수 없다고 생각했다면 이 향긋한 스테이크 한 조각을 시식하는 순간 놀라게 될 것이다.
| **위치** The Venetian, 3355 Las Vegas Boulevard South
| **Tel** 702-414-3737
| www.emerils.com

더블다운 살롱의 옥외 간판

AJ's Steakhouse AJ의 스테이크하우스
$$-$$$ 2C 스트립 지도

피아니스트가 연주하는 동안 허기진 손님이 거대한 스테이크를 밀어넣고도 모자라 기뻐하며 디저트를 먹는 '구식 멋쟁이'의 세련된 복고풍 안식처. 구식 바도 특이하다.
| **위치** Hard Rock Hotel, 4455 Paradise Road | **Tel** 702-693-5500
| www.hardrockhoTel.com

Lawry's The Prime Rib
로리스 더 프라임 립 **$$$** 2 3C

1930년대로 돌아가 그 시절 LA 본점에서 먹을 수 있었던 프라임 립 스테이크와 으깬 감자, 샐러드를 이 아름답고 화려한 식당에서 지금 먹을 수 있다. 이렇게 스테이크가 좋은데 다른 뭔가가 필요한 사람이 있을까?
| **위치** Hughes Center, 4043 Howard Hughes Parkway
| **Tel** 702-893-2223
| www.lawrysonline.com

술집

오래전에 카지노는 술이 도박기계를 움직이는 원료라는 사실을 깨달았다. 그래서 카지노 측은 도박을 하는 한 계속해서 원하는 만큼 무료로 술을 제공한다. 또한 대다수 카지노에서는 썩 원치 않더라도 도박장 주변에 술집 한두 곳쯤은 운영하고 있다. 도박장에서 벗어나 좀더 즐거운 분위기에서 술을 마시고 싶다면 아래에 나와 있는 곳 중 하나에 가보자. 대체로 스트립이나 스트립 근처에 위치해 있다. p.33-34 참조.

The Bar at Times Square
더 바 앳 더 타임스 스퀘어 / 타임스 광장의 술집
1B 스트립 지도

뉴욕의 바를 그대로 따라한 카지노 술집. 2명의 피아니스트가 연주를 하면 도박꾼들이 따라 부른다.
| **위치** New York-New York, 3790 Las Vegas Boulevard South | **Tel** 702-740-6969 | www.nynyhotelcasino.com

Double Down Saloon
더블다운 살롱 2 3B

'지구상에서 가장 행복한 곳'이라 자칭하는 이곳은 확실히 라스베이거스에서는 가장 행복한 곳임이 분명하다. 평범한 칵테일을 판매하지만 환각 상태를 연상시키는 이상한 내

부 장식으로 예술가인 체하는 사람들에게 인기가 높다. 특히 매주 수요일마다 열리는 전설적인 블루스 잼(jam) 공연이 유명하다.
| **위치** 4640 Paradise Road | **Tel** 702-791-5775 | www.doubledownsaloon.com

Gordon Biersch Las Vegas

고든 비어쉬 라스베이거스 2 3C

시선을 끄는 장치나 화젯거리는 없지만 맥주 맛이 좋은 수수하고 소박한 술집. 지역 주민들에게 특히 인기가 좋으며 매주 주말마다 생음악을 연주한다.
| **위치** 3987 Paradise Road
| **Tel** 702-312-5247

Monte Carlo Pub & Brewery

몬테카를로 펍 & 브루어리 / 몬테카를로 술집 & 양조장 1B 스트립 지도

다른 점에서는 수수하기 짝이 없는 몬테카를로 카지노 뒤편에 위치한 거대한 지역 양조장. 밤마다 생음악을 연주한다.
| **위치** Monte Carlo, 3770 Las Vegas Boulevard South | **Tel** 702-730-7777
| www.monte-carlo.com

Napoleon's 나폴레옹스 1C 스트립 지도

젊은 취향의 새로 생긴 술집 겸 클럽 중 최고에 속한다. 상주하는 DJ와 (19세기 양식의 실내장식과 조금 어울리지 않는) 비디오 스크린 저장소만큼이나 최신식이다. 항상 붐비

완벽하게 요리된 스테이크

는 이곳은 칵테일, 와인, 브랜디를 취급한다.
| **위치** Paris-Las Vegas, 3655 Las Vegas Boulevard South | **Tel** 702-946-7000
| www.paris-lv.com

Peppermill's Fireside Lounge 페퍼밀스 파이어사이드 라운지 2 2D

라스베이거스이기 때문에 가능한 곳. 타오르는 '불바다'가 실내를 밝혀 정말 분위기 있는 페퍼밀스는 친숙한 느낌 때문에 커플들에게 인기가 높다. 여종업원이 진한 칵테일을 권할 때까지 편히 앉아 휴식을 취하자.
| **위치** 2985 Las Vegas Boulevard South
| **Tel** 702-735-7635

Red Square 레드 스퀘어 / 붉은 광장 1A 스트립 지도

공산주의를 주제로 한 술집. 공산주의라는 어감과는 달리 정말 유쾌한 곳이다. 머리 없는 레닌 조각상 같은 소련의 기념물로 장식되어 있는 이곳에는 무려 100여 종이 넘는 러시아와 폴란드 보드카를 시원하게 마실 수 있고, 블리니(blinis), 캐비아(caviar) 같은 다양한 종류의 동유럽식 안주도 맛볼 수 있다.
| **위치** Mandalay Bay, 3950 Las Vegas Boulevard South | **Tel** 702-632-7407
| www.mandalaybay.com

Triple 7 Brewpub

트리플 7 브루펍 1 1H

다운타운에서 가장 술 마시기 좋은 곳. 영세 양조장에서 만들어진 맥주에 좋은 안주를 먹으며 라이브 공연을 즐길 수 있다.
| **위치** Main Street Station, 200 North Main Street, Downtown | **Tel** 702-386-4442

Voodoo Lounge 부두 라운지 2 1C

비록 종업원이 속물이고 칵테일이 생각했던 것보다 좋지 않더라도 50층 높이에서 내려다보는 경치는 확실히 즐길 만하다. 재즈밴드가 볼거리를 제공하고 케이준과 크리올 요리를 먹을 수 있는 곳 한 층 아래에는 카페가 있다.
| **위치** Masquerade Village, Rio, 700 West Flamingo Road | **Tel** 702-247-7800
| www.harrahs.com

라스베이거스의 알거리

라스베이거스는 떨어지는 유성처럼 갑자기 성장했다. 1906년에 솔트레이크시티-로스앤젤레스 철길에 작은 역마을로 세워진 이곳은 화려한 대도시가 되었다. 이곳은 미국에서 20세기 초 이후 세워진 유일한 대도시이고 지금도 팽창하고 있다. 공식적으로 미국에서 가장 빨리 성장하고 있는 이곳은 또한 미국에서 2번째로 많은 사람들이 방문하는 곳으로(올랜도가 첫 번째) 해마다 3,700만 명이 찾는다. 그 밖에도 세계에서 유일하게 10만 개 이상의 객실이 있는 도시이고 (실제 라스베이거스는 13만 개 이상의 객실이 있다고 한다) 세계의 초대형 호텔 20곳 중 19곳이 이곳에 위치하고 있다. 다행히 시 자체는 상당히 넓지만 대다수 관광명소는 주요 관광지역 2곳, 스트립과 프리몬트 가에 위치해 있어 쉽게 찾아다닐 수 있다.

알거리 Know it 지하철에서 병원, 은행까지

여행자 정보

Las Vegas Convention & Visitors Authority 라스베이거스 관광청 2 3D

| **위치** 3150 Paradise Road | **Tel** 702-892- 0711 | www.lasvegas24hours.com

라스베이거스 가기

가장 손쉽게 가는 방법은 라스베이거스의 매캐런 국제공황을 이용하면 도심에서 가까워 편리하다. 라스베이거스까지는 기차가 운행되지 않기 때문에 대부분 육로를 이용한다. 우리나라에서 라스베이거스까지 가는 직항은 없다. 로스앤젤레스까지 간 후, 국내선으로 갈아타면 매캐런 공항까지 1시간 정도 걸린다. LA에서 버스를 이용하는 경우 5시간 걸린다.

비행기

McCarran International Airport

매캐런 국제공항 1 4C, 2 3A

시내에서 5분 거리에 있는 이곳은 24시간 영업하는 셔틀버스가 15-20분마다 사람들을 스트립과 다운타운으로 실어 나른다. 셔틀버스 요금은 $6 정도. CAT(Citizens Area Transit, 대중교통시스템) 버스는 좀더 먼 곳까지 운행하고, 택시를 이용하는 방법도 있다. 택시로 스트립의 호텔까지 가려면 $15-20 정도 든다.

| **Tel** 702-261-5211

| www.mccarrran.com

셔틀버스를 예약하려면 이곳으로 연락하라.

| **Tel** 702-739-7990

| www.bell-trans.com

자동차

방문객들은 보통 차로 로스앤젤레스와 솔트레이크시티를 잇는 I-15나 워싱턴, 오리건, 네바다, 애리조나에 걸쳐 있는 US-95를 타고 온다. 양쪽 모두 월요일부터 금요일까지 7am-9am과 4pm-7pm에는 정체된다.

라스베이거스 공항의 수하물 컨베이어

돌아다니기

자동차

라스베이거스는 바둑판 모양으로 도로가 나 있어 운전하기 편하다. 방문객의 절반 정도가 자신의 차를 몰고 오고 나머지는 비행기와 렌터카 패키지를 선택한다. 공항에서도 차를 빌릴 수 있다. 차를 빌릴 때는 나와 있는 가격에 포함되어 있지 않는 여러 세금(전체비용의 23% 정도)이 붙는다는 사실을 잊지 말자.

렌터카 업체

Avis 에이비스

| **Tel** 800-230-4898

Dollar 달러

| **Tel** 800-800-3665

Hertz 헤르츠

| **Tel** 800-654-3001

시내운전

월요일부터 금요일까지 러시아워인 7am-9am, 4pm-7pm에는 정체가 극심하다. 특히 스트립에서는 밤에도 늦게까지 정체되므로 대중교통을 이용하는 것이 더 나을 수도 있다. 그러나 호텔은 무료주차(일부는 무료 대리 주차도 가능)를 제공하고 있고 더운 여름에 걸어 다니는 것도 불편하니 운전하는 편

스트립까지 운행하는 버스

이 낫다.
후버 댐(p.14 참조)이나 그랜드캐니언(p.15 참조) 같은 도시 외곽의 볼거리는 차로만 갈 수 있다.
러시아워만 아니면 도시 끝에서 끝까지 보통 30분이 조금 더 걸린다.

시내보행

먼 곳까지 가기에는 적절치 않지만(먼 거리와 치안 때문에) 라스베이거스의 주요 관광지는 걸어갈 수 있고, 특히 밤에는 기온이 내려가 훨씬 시원하다. 사실 야간에 스트립의 불빛을 구경하는 것도 라스베이거스 여행의 중요한 부분이다.
다운타운의 프리몬트 가의 '익스피리언스(Experience)'는 보행자 전용도로다. 낮 시간에도 걷고 싶다면 강렬한 여름 태양을 대비한 예방조치를 해야 한다. 또한 너무 지나

차를 빌려 가볼 만한 후버 댐

치지 않도록 조심해야 한다.
스트립은 4.8km가 넘고 대중교통(p.54 참조)이 잘 발달되어 있다는 사실을 기억하자.

자동차 고장

American Automobile Association, AAA 미국 자동차 협회
| Tel 1-800-222-4357

기후

라스베이거스는 밝은 불빛과 화려한 건축물에 둘러싸여 있어 실제로는 사막 한가운데에 위치해 있다는 사실을 잊기 쉽다.
많은 풀장과 분수가 있지만 이곳은 정말 덥고 건조하다. 1년에 강우량이 10cm밖에 되지 않으며, 미국 대도시 중 가장 낮다.
하늘이 늘 맑게 개어 있는 이곳은 연간 300일 이상이 맑다. 5월부터 9월까지가 가장 덥고 특히 7월과 8월은 기온이 38°C를 넘어간다. 괜찮은 자외선 차단제를 챙기자.
겨울에는 기온이 떨어져 훨씬 시원하지만 밤에 약간 쌀쌀한 것을 빼면 여전히 날씨는 온화하다.

장애인 여행

라스베이거스는 장애인의 요구를 잘 수용하는 편이다.
공항셔틀과 일부 택시에는 휠체어리프트가 설치되어 있고 모든 공공건물에는 장애인용 경사로와 장애인용 화장실이 설치되어 있다.
모든 카지노의 슬롯머신과 테이블은 휠체어가 접근할 수 있고 모든 호텔에는 장애인 전용 객실이 있으며 ADA(Americans with Disabilities Act, 미국 장애인법) 진행자를 고용해 모든 장애인 시설이 최신식으로 유지되고 질문에 대응할 수 있도록 하고 있다.

전력

미국은 110-120V를 사용한다.
한국에서 전기제품을 가져갔다면 변압기가

필요하다.

비상시

911에 전화해 경찰, 소방서, 응급실의 도움을 요청하라.

건강

미국의 의료제도는 보험을 기본으로 하고 굉장히 비싸다. 미국인이 아니면 미국을 여행하기 전에 반드시 적당한 건강보험에 들도록 한다.

병원

다음은 24시간 사고와 응급상황을 담당하는 곳이다.

Sunrise Hospital and Medical Center 선라이즈 병원 & 메디컬 센터 2 4D
| **위치** 3186 South Maryland Parkway
| **Tel** 702-731-8080

University Medical Center
대학의료센터 2 2E
| **위치** 1800 West Charleston Boulevard
| **Tel** 702-383-2000

인터넷 카페

Cyber Stop Internet Café
사이버 스톱 인터넷 카페 1 2C
스트립에 위치한 유일한 인터넷 카페.
| **위치** Polo Towers Plaza, 3763 Las Vegas Boulevard South | **Tel** 702-736-4782 | www.cyberstopinc.com

분실물

Airport Lost & Found
공항 분실물 취급소 1 4C, 2 3A
| **위치** 매캐런 공항(McCarran Airport) 2층

장애인 표시

야간 순찰차

| **Tel** 702-261-5134

Public Transport Lost & Found
대중교통 분실물 취급소 2 3G
라스베이거스 교통당국의 분실물 취급소. 트롤리나 버스에서 나온 분실물을 취급한다.
| **위치** 600 Grand Central Parkway
| **Tel** 702-228-7433

금전 문제

통화

미국 통화인 달러($)는 100센트(¢)로 나눠진다.
5종류의 동전(¢1, ¢5, ¢10, ¢25, ¢50)과 6종류의 지폐($1, $5, $10, $20, $50, $100)가

있다.
지폐는 색상과 크기가 같아 헷갈리기 쉬우므로 조심해서 다루자.
팁으로 $100를 주는 실수를 저지르지 말 것.

신용카드

이곳의 거의 모든 상점, 호텔, 카지노, 공연장, 레스토랑에서 주요 신용카드(아메리칸 익스프레스(American Express), 다이너스클럽(Diner's club), 마스터카드(Mastercard), 비자(Visa))를 사용할 수 있다.

은행

라스베이거스에는 수많은 은행(일반적으로 월-금, 9am-6pm까지 영업)이 있다. 카지노에 넘쳐나는 ATM기는 가급적 방문하지 않는 것이 좋겠다.

환전소

American Express
아메리칸 익스프레스 1B 스트립 지도
위치 MGM Grand, 3799 Las Vegas Boulevard South
Tel 702-739-8474

ATM기

카지노는 고객이 끊임없이 돈을 쓰기를 바란다. 따라서 모든 카지노장에는 24시간 현금 지급기가 설치되어 있다.

개점시간

카지노와 술집은 24시간 영업한다. 또한 각 호텔에는 심야에도 영업하는 음식점과 커피숍이 최소 한 군데 이상은 있다. 카지노 직원들을 상대로 하는 상점(식품점, 세탁소, 주유소)은 24시간 영업한다.
카지노 쇼핑몰은 10am에 개점해서 11pm 또는 자정까지 영업한다. 영세상점의 영업시간은 보통 9am-5pm으로 상대적으로 짧다.
고급 레스토랑의 개점시간은 상당히 제한적인데, 보통 늦게 개점해서 일찍 닫는다(종종 10.30pm까지 하는 곳도 있다).
관청은 일반적인 근무시간인 9am-5pm을 준수한다.

스트립의 약국

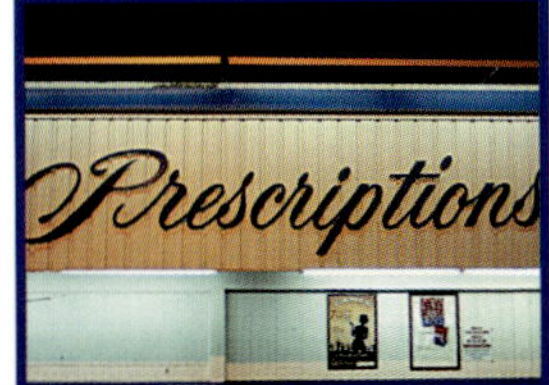

24시간 약국

CVS Pharmacy CVS 약국 1B 스트립 지도
위치 3758 Las Vegas Boulevard South
Tel 702-262-9284

우체국

Main Post Office 중앙 우체국 2 4B
월-금 7.30am-9pm, 토 8am-4pm
위치 1001 East Sunset Road
Tel 702-361- 9472
www.usps.com

공휴일

1월 1일 설날(New Year's Day)
1월 셋째 월요일 마틴 루터 킹 탄생일(Martin Luther King Jr Day)
2월 셋째 월요일 대통령의 날(Presidents' Day)
5월 마지막 월요일 전몰장병 기념일(Memorial Day)
7월 4일 독립기념일(Independence Day)

9월 첫째 월요일 노동절(Labor Day)
10월 둘째 월요일 콜럼버스 기념일 (Columbus Day)
11월 11일 재향군인의 날(Veterans' Day)
11월 28일 추수감사절(Thanksgiving)
12월 24일 성탄전야(Christmas Eve)
12월 25일 성탄절(Christmas Day)
12월 31일 섣달그믐(New Year's Eve)

대중교통

라스베이거스의 대중교통시스템은 편리하고 깨끗해서 이를 이용하면 쉽게 스트립과 다운타운의 호텔과 관광명소를 둘러볼 수 있다.

라스베이거스 모노레일

2004년에 모습을 드러낸 라스베이거스 모노레일은 스트립의 동쪽으로 MGM 그랜드서부터 사하라(Sahara)까지 6.4km 구간을 운행하며, 중간에 라스베이거스 힐턴과 컨벤션 센터도 들른다. 역사는 보통 주요 카지노의 뒤편에 위치하고 있으며 스트립에 가려면 적어도 10분 이상 걸어야 하기 때문에 가까운 곳을 이용하는 데는 불편하다.
운행시간은 매일 6am-2am이며, 한 번 승차할 때마다 $3를 지불한다. 이 밖에 만달레이 만-룩소르-엑스캘리버, 미라지-TI를 잇는 무료 모노레일 시스템도 있다.

CAT 버스

다운타운과 스트립 외곽지역에 가려면 CAT 버스를 이용한다. CAT 버스는 5.30am-1.30am 동안 운행하며(다운타운과 스트립 사이를 잇는 구간은 24시간 운행), #301(라스베이거스 블러바드를 따라 5.30am-1am 동안 운행) 같은 노선은 $2, 그 밖의 노선은 $1.25씩 운임을 받는다. 어린이와 노인은 노선에 상관없이 $1씩 받는다.
$5짜리 1일 패스를 사면 무한정 이용할 수 있다.

| **Tel** 702-228-7433
| www.catride.com

셔틀버스

대부분의 호텔은 주요 관광명소들 사이를 다니는 셔틀버스를 운행한다. 공항 셔틀버스와는 달리 보통 무료다.

스트립 트롤리(Strip Trolley)

9.30am-2am 동안 20분 간격으로 주요명소를 운행하는 스트립 트롤리는 매우 유용하다. 어른 아이 할 것 없이 모두 동일하게 $1.65씩 운임을 받는다.

택시

라스베이거스는 호텔 입구면 어디든 택시를 쉽게 잡을 수 있지만 길에서 빈 택시를 잡는 것은 불가능하다. 첫 1.6km는 $3, 그 이후부터는 1.6km당 $1.8씩 추가되며 잠시 대기하는 경우 분당 ¢40씩 추가된다. 연예인들처럼 관광하고 싶다면 시간당 $40 정도 드는 리무진을 빌려라.

멋있는 새 모노레일

Yellow Cab 노란택시
| **Tel** 702-873-2000

Las Vegas Limo 라스베이거스 리무진
| **Tel** 702-739-8414

흡연

라스베이거스는 전형적인 미국과는 달리 흡연에 대해서 무척 관대하다.
모든 카지노와 대다수 레스토랑에서 흡연이 가능하다.

전화

호텔-카지노 로비, 레스토랑, 상점, 주유소, 거리의 모퉁이 등지에 공중전화가 있다. 보통은 동전만 사용할 수 있지만 일부 공중전화는 신용카드도 쓸 수 있다. ¢35면 시내전화가 가능하다.

Useful Number 유용한 전화번호

| **지역 전화안내 :** 411
| **국제전화 :** 011(+국가번호 + 지역번호 + 전화번호)

팁 주는 법

라스베이거스에서 서비스직의 수입은 거의 대부분 팁이다. 그러나 적절한 서비스를 받지 못한 경우 굳이 팁을 줄 필요는 없다.
일반적으로 바텐더, 칵테일 웨이터, 리무진 및 택시기사에게는 청구액의 10% 이상을, 레스토랑의 웨이터에게는 최소 15%를, 사환, 도어맨, 청소부, 대리주차원에게는 최소 $2씩 팁으로 준다.
또한 도박에서 꽤 많은 돈을 딴 경우 관습적으로 크루피어(croupier: 테이블 게임을 운영하는 카지노 직원)에게 3-5%를 팁으로 준다.

투어

Canyon Explorations 캐니언 탐험

그랜드캐니언(p.15 참조)에서 등산과 래프팅을 한다.
| **Tel** 928-774-4559

Casino Travel & Tours

카지노 관광 **1** 1E

스트립 트롤리

야간에 가이드와 함께 주요 관광명소를 돌아보는 투어.
| **위치** 6225 South Valley View Boulevard
| **Tel** 702-946-5075
| www.casinotravel.com

Escape Adventures

이스케이프 어드벤처 **1** 2D

P.36 참조

Rocky Trails 로키 트레일즈

라스베이거스 근교 지도

P.37 참조

Las Vegas Helicopters 라스베이거스 헬리콥터 1B 스트립 지도

스트립 상공에서 시작해 캐니언, 후버 댐 또는 미드 호를 돌아보는 1시간짜리 비행 관광.
| **위치** 3712 Las Vegas Boulevard South
| **Tel** 702-736-0013
| www.lvhelicopters.com

Valley of Fire Adventures 밸리 오브 파이어 어드벤처 라스베이거스 근교 지도

불거리로 가득 찬 주립공원(p.14 참조)을 돌아보는 지프 투어.
| **Tel** 702-398-7729
| www.atv-jeep-tours.com

여행자 수첩

라스베이거스 인사이드아웃 여행자 수첩에 제시한 객실료는 일반실에서 하룻밤을 묵을 경우의 평균 가격이다. 그러나 라스베이거스의 객실 요금은 몹시 유동적이어서 휴일이나 각종 행사가 있을 때는 요금이 상승하고 비수기에는 급격히 낮아진다. 여행을 시작하기 전에 미리 호텔 웹사이트를 방문해 특별할인이 있는지 확인한다. 그리고 매일 밤 객실 요금이 바뀐다는 점을 명심하자. 비성수기에 특히 주말이 아닌 주중에 방문한다면 대폭 할인된 가격이나 일반실 요금으로 스위트룸에서 묵는 행운을 얻을 수도 있다.

기호 표시

호텔
- ❄ 에어컨
- @ 비즈니스 센터
- 욕실
- 주류 바
- 헬스클럽
- Ⓟ 주차장
- 레스토랑
- 룸서비스

공원
- ♿ 장애인 시설
- 무료 입장
- 가이드 관광
- 휴식 공간
- 화장실

숙박

분명 선택의 폭은 넓다. 세계 20대 초대형 호텔 중 19곳이 위치한 라스베이거스에는 그 어떤 도시보다 객실이 많다. 이곳의 대다수 호텔은 객실료보다는 도박을 통해 돈을 벌기 때문에 객실료는 상대적으로 굉장히 싼 편이다. 그러니 자신의 취향에 맞는 좋은 곳을 찾아보자.

고급 호텔

Bellagio $$$ 1C 스트립 지도

❄ @ Ⓟ

(p.6 참조)

Caesars Palace $$-$$$
1D 스트립 지도

❄ @ Ⓟ

(p.6 참조)

가격 표시

더블룸을 기준으로 책정된 가격
$ = 저예산 호텔($75 이하)
$$ = 중급 호텔($75-$150)
$$$ = 고급 호텔($150 이상)

Four Seasons $$$ 1A 스트립 지도

스트립에서 유일하게 카지노가 없는(도대체 뭘 생각하는 건지) 호텔로 이곳에는 424개의 객실과 괜찮은 종합풀장이 있을 뿐이다. 전체적으로 조용한 가운데 품격을 느낄 수 있다. 갑자기 블랙잭이 정말 하고 싶다면 바로 옆의 만달레이 베이 카지노로 쉽게 입장할 수 있다.

| **위치** 3960 Las Vegas Boulevard South
| **Tel** 1-888-632-5000
| www.fourseasons.com

Mandalay Bay $$$ 1A 스트립 지도

(p.7 참조)

The Mirage $$$ 1D 스트립 지도

(p.8 참조)

Monte Carlo $$-$$$ 1B 스트립 지도

프랑스 리비에라(Riviera) 지방의 명성 높은 카지노 궁(Place du Casino)을 그대로 본뜬 이곳은 대리석과 유리로 장식된 실내와 아름답게 손질된 정원, 호화로운 스파와 체육관으로 몬테카를로의 카지노 궁만큼이나 격조가 높다. 그 품위와는 다소 어울리지 않지만 대규모 비디오 게임센터도 있고 이곳의 1,200석 규모의 극장에서는 매일 밤 랜스 버튼 마술쇼(p.31 참조)가 펼쳐진다.

| **위치** 3770 Las Vegas Boulevard South
| **Tel** 702-730-7777
| www.monte-carlo.com

The Venetian $$$ 1E 스트립 지도

(p.11 참조)

Wynn Las Vegas $$$ 1E 스트립 지도

(p.11 참조)

중급 호텔

Bally's $$ 1C 스트립 지도

할머니들이 좋아하는 밸리스는 조금 연세가 있고 조용하며 덜 붐비는 곳을 선호하는 사람들에게 적합하다. 그래서인지 수요가 많은 주말에도 가끔 대폭할인 혜택이라는 행운을 만날 수 있다. 객실은 모두 잘 갖춰져 있으며 고급스러운 스파와 야자수가 늘어서 있는 풀장, 테니스 코트가 있다. 또한 라스베이거스에서 2번째로 오래된 공연인 주빌리!(Jubilee)라는 카바레 쇼가 펼쳐진다.

| **위치** 3645 Las Vegas Boulevard South
| **Tel** 702-739-4111
| www.ballyslv.com

Flamingo $$ 1D 스트립 지도

라스베이거스의 명성이 시작된 곳. 1940년대 폭력단의 일원이었던 '미친' 시겔(Siegel)의 작품으로 라스베이거스 최초의 대형 리조트였다(참고로 시겔은 개장일 이후 불만이 있던 동료에게 살해당했다). 지금은 처음의 모습이 거의 사라지고 열대풍 호텔로 변했다. 2개의 탑에 퍼져 있는 3,000개 이상의 객실과 수풀이 울창한 정원, 종합풀장, 헬스클럽이 있다.

| **위치** 3555 Las Vegas Boulevard South
| **Tel** 702-733-3111
| www.flamingolasvegas.com

Golden Nugget $$ 다운타운 지도 1H

프리몬트 스트리트 익스피리언스(p.6 참조)의 네온 차양 아래 위치한 이곳은 다운타운에서 가장 세련된 호텔이다. 1946년에 문을 연 이곳은 라스베이거스에서 최초로 들어선 고급 호텔이다. 객실은 편안하고 요금도 적당하며 지금까지 발견된 금덩이(gold nugget) 중 가장 큰 금덩이인 믿음의 손(Hand of Faith, 100만 달러 가치)을 볼 수 있다.

| **위치** 129 Fremont Street
| **Tel** 702-386-8121
| www.goldennugget.com

Hard Rock Hotel $$ 2C 스트립 지도

❄ @ ⛺ Y ♨ P 🍴 ⌂

로큰롤을 주제로 한 호텔. 엘비스의 라인석이 주렁주렁 달린 1970년대의 낙하복 같은 록과 관련된 기념품과 1만 4,000석 규모의 콘서트홀, 더 조인트(p.35 참조)가 있다. 지붕 위로 돌출된 거대한 전기기타를 잊지 말자.

| **위치** 4455 Paradise Road | **Tel** 702-693-5000 | www.hardrockhoTel.com

Las Vegas Hilton $$ 2F 스트립 지도

❄ @ ⛺ Y ♨ P 🍴 ⌂

엘비스가 1969년부터 1977년까지 이곳에서 총 837회의 매진 공연을 펼쳤기 때문에 종종 '엘비스 호텔' 이라고도 불린다. 힐턴에는 3,000개 이상의 객실, 종합풀장, 테니스 코트, 놀이시설 스타트렉(p.60 참조)뿐만 아니라 많은 레스토랑과 도박 그리고 쇼핑시설을 갖추고 있다. 입구에 서 있는 엘비스 상을 놓치지 말라.

| **위치** 3000 Paradise Road
| **Tel** 702-732-5111 | www.lvhilton.com

Luxor $$-$$$ 1A 스트립 지도

❄ @ ⛺ Y ♨ P 🍴 ⌂

(p.7 참조)

MGM Grand $$ 1B 스트립 지도

❄ @ ⛺ Y ♨ P 🍴 ⌂

(p.8 참조)

New York-New York $$
1B 스트립 지도

❄ @ ⛺ Y ♨ P 🍴 ⌂

(p.8 참조)

Paris-Las Vegas $$-$$$
1C 스트립 지도

❄ @ ⛺ Y ♨ P 🍴 ⌂

(p.9 참조)

Planet Hollywood $$
1C 스트립 지도

❄ @ ⛺ Y ♨ P 🍴 ⌂

1999년에 알라딘(Aladdin)으로 시작한 이 스트립 대형 리조트는 천일야화풍으로 꾸며진 유쾌한 곳이다. 거대한 종합쇼핑단지, 데저트 패시지(p.22 참조), 넓이가 2,800평이 넘는 도박장, 2개의 옥상풀장, 멋진 커맨더스 팰리스(p.42 참조)를 포함한 여러 레스토랑이 있다.

| **위치** 3667 Las Vegas Boulevard South
| **Tel** 702-785-5555
| www.planethollywood.com

Rio $$ 2 1C

❄ @ ⛺ Y ♨ P 🍴 ⌂

(p.9 참조)

TI, Treasure Island $$ 1E 스트립 지도

❄ @ ⛺ Y ♨ P 🍴 ⌂

(p.10 참조)

저예산 호텔

Binion's Horseshoe $
다운타운 지도 1H

❄ ⛺ P

도박꾼들의 도박장인 비니온스 호스슈는 라스베이거스의 정신을 가장 잘 실현하고 있는 곳이다. 이곳은 모든 것이 도박이다. 쇼걸도 없고 쇼핑몰이나 상가도 없다. 도박에 방해되는 것들은 이곳에 존재하지 않는다. 라스베이거스에서 가장 베팅 한도가 높은 곳으로 한 번에 2만 5,000달러짜리 베팅이 오가는 것을 구경할 수 있다. 최근 들어 경영이 다소 악화되었으나 여전히 영업을 하고 있다. 360개의 객실은 안락하게 꾸며져 있으며 요금도 저렴하다.

| **위치** 128 Fremont Street
| **Tel** 702-382 -1600
| www.binions.com

Circus Circus $ 2F 스트립 지도

❄ @ ⛺ Y ♨ P 🍴 ⌂

가족 단위 여행객이 주고객층이다. 엄마와 아빠가 카지노에서 스릴을 즐기고 있는 동안 아이들은 오락실과 복도에서 펼쳐지는 서커스(공중그네 묘기, 줄타기, 마술, 어릿광대 묘기), 짜릿한 롤러코스터와 테마파크 어드벤처 돔의 다른 탈거리들로 즐거움을

만끽할 수 있다.
| **위치** 2880 Las Vegas Boulevard South
| **Tel** 702-734-0410
| www.circuscircus.com

El Cortez $ 다운타운 지도 2H

라스베이거스에서 가장 오래된 호텔로 다운타운의 지저분한 구역에 위치해 있다. 블랙잭과 룰렛의 최저 베팅액이 정말 낮다. 방에는 기본적인 가구가 있지만 정말 간소하게 꾸며져 있다.
| **위치** 600 Fremont Street
| **Tel** 702-385-5200
| www.elcortezhotelcasino.com

Excalibur $ 1B 스트립 지도

(p.7 참조)

Sahara $-$$ 2G 스트립 지도

1950년대 초반에 세워진 이곳은 예전 랫 팩(Rat Pack)의 분위기를 가장 잘 느낄 수 있는 장소다. 이후 대대적인 개장을 거친 이곳은 약간 절제된 모로코 양식(야자수와 분수)과 NASCAR 카페, 쇼핑가, 자동차 경주 놀이시설인 스피드 월드(Speed World)(p.61 참조), 라스베이거스에서 가장 빠른 롤러코스터가 특징이다.
| **위치** 2535 Las Vegas Boulevard South
| **Tel** 702-737-2111
| www.saharavegas.com

Stardust $-$$ 2F 스트립 지도

라스베이거스의 진정한 선구자. 1950년대 초반 스타더스트는 라스베이거스 호텔-카지노 중 최초로 자신만의 대형쇼를 시작한다(문제의 쇼는 파리 리도쇼(Lido de Paris)로 41년간 공연되었다. 현재는 라스베이거스의 전설 웨인 뉴턴이 공연한다). 예상대로 1990년대 후반 대대적인 개장을 했음에도 불구하고 다소 유행에 뒤떨어진 듯한 느낌을 받는다. 가능하면 방도 더 크고 좀더 잘 꾸며진 새 방을 확보하도록 노력하라.
| **위치** 3900 Las Vegas Boulevard South
| **Tel** 702-732-6111
| www.stardustlv.com

Stratosphere $ 2G 스트립 지도

(p.10 참조)

Tropicana $$ 1B 스트립 지도

다소 초라해 보이는 이 폴리네시아(Polynesia)풍 호텔에서 주목할 만한 시설은 대형 열대 야자수가 우거진 종합풀장(풀장이 3곳이고 여름에는 풀장 옆에서 블랙잭을 할 수 있다)과 워터슬라이드(water-slide), 스파다. 무료 새쇼와 클럽 코미디 스톱(Comedy Stop)과 라스베이거스 최장기 쇼인 폴리 베르제르(p.30 참조)가 있다. 객실은 아주 호화롭지는 않지만 꽤 싼 편이다.
| **위치** 3801 Las Vegas Boulevard South
| **Tel** 702-739-2222
| www.tropicanalv.com

박물관 & 미술관

Bellagio Gallery of Fine Art
1C 스트립 지도

미술관 및 개인 소장품을 1년에 2차례씩 전시한다. 매일 개장 9am-9pm.
| **위치** 3600 Las Vegas Boulevard South
| **Tel** 702-693-7871 | www.bgfa.biz

Casino Legends Hall of Fame
1B 스트립 지도

라스베이거스가 도박의 천국이 되기 시작한 1931년부터 모은 세계 최대 도박 기념품 컬렉션. 매일 개관 9am-9pm.
| **위치** Tropicana, 3801 Las Vegas Boulevard South | **Tel** 702-739-5444
| www.tropicanalv.com

Guggenheim Hermitage Museum 1E 스트립 지도

현재 상트페테르부르크(St Petersburg) 허미티지 박물관의 아름다운 작품을 특별전시하고 있는 이곳은 평소 인상파에 중점을 둔다. 화랑은 베니션(p.11 참조)의 로비와 바로 맞닿아 있다. 렘 쿨하스(Rem Koolhaas)가 설계.

| **관람시간** 매일 개관 9.30am–8.30pm
| **위치** The Venetian, 3355 Las Vegas Boulevard South | **Tel** 702-414-2440
| www.guggenheimlasvegas.org

Guinness World Records Museum 2F 스트립 지도

세계에서 가장 뚱뚱한, 키가 큰, 키가 작은, 빠른 사람 등에 놀라보자. 라스베이거스만의 특이한 기록에는 세계에서 가장 많이 결혼한 사람도 있다.

| **관람시간** 매일 개관 9am–5pm
| **위치** 2780 Las Vegas Boulevard South
| **Tel** 702- 792-3766
| www.guinnessworldrecords.com

King Tut's Tomb & Museum 1A 스트립 지도

'황금' 석관과 보석, 상형문자가 씌어 있는 투탕카멘 왕릉의 복제. 오디오 투어는 모조 보석들을 이용해 관광객을 안내한다.

| **관람시간** 매일 개관 9am–11pm
| **위치** Luxor, 3900 Las Vegas Boulevard South
| **Tel** 702-262-4400
| www.luxor.com

Las Vegas Art Museum 2 1D

현대 미술 및 조각 전시.

| **관람시간** 화–토 10am–5pm
| **위치** 9600 West Sahara Avenue
| **Tel** 702-360- 8000
| www.lasvegasartmuseum.org

Las Vegas Natural History Museum 2 4H

아동을 위한 체험박물관.

| **관람시간** 매일 개관 9am–4pm
| **위치** 900 Las Vegas Boulevard North
| **Tel** 702-384-3466
| www.lvnhm.org

Lied Discovery Children's Museum 2 4H

체험전시물이 가득하다.

| **관람시간** 화–일 10am–5pm
| **위치** Las Vegas Library, 833 Las Vegas Boulevard North
| **Tel** 702-384-3445
| www.ldcm.org

Madame Tussaud' s Interactive Wax 1E 스트립 지도

100개 이상의 명사 밀랍인형이 전시되어 있다.

| **관람시간** 매일 개관 10am–10pm
| **위치** The Venetian, 3355 Las Vegas Boulevard South
| **Tel** 702-414-1000
| www.mtvegas.com

Shark Reef Aquarium 1A 스트립 지도

형형색색의 물고기와 악어 그리고 상어.

| **관람시간** 매일 개관 10am–11pm
| **위치** Mandalay Bay, 3950 Las Vegas Boulevard South
| **Tel** 702-632-4555
| www.mandalaybay.com

Star Trek: The Experience 2F 스트립 지도

마치 우주공간에 있는 듯한 느낌을 들게 하는 카지노와 박물관처럼 전시해 놓은 우주 기념물, '보그 침공(Borg Invasion) 4-D'를 포함한 2개의 첨단기술(값비싼) 모의훈련 기구.
| **관람시간** 11am-11pm
| **위치** Las Vegas Hilton 3000 Paradise Road
| **Tel** 702-732-5111
| www.startrekexp.com

오락

The Adventuredome 2F 스트립 지도

대규모 실내 놀이공원. 2중나선 롤러코스터, 뱃놀이, 아이맥스 영화. 매일 개장.
| **위치** Circus Circus, 2880 Las Vegas Boulevard South
| **Tel** 702-734-0410
| www.adventuredome.com

Coney Island Emporium 1B 스트립 지도

실내 사격 연습장과 범퍼카. 매일 개장.
| **위치** New York-New York, 3790 Las Vegas Boulevard South
| **Tel** 702-740-6969
| www.nynyhotelcasino.com

Cyber Speedway 2G 스트립 지도

4분의 3 크기의 인디카(indy car)를 모는 가상현실 자동차 경주. 매일 개장.
| **위치** Sahara, 2535 Las Vegas Boulevard South
| **Tel** 702-737- 2111
| www.saharavegas.com

Big Shot and X-Scream 2G 스트립 지도

이 짜릿한 놀이기구들은 전체 높이가 350m인 스트래터스피어 타워 꼭대기에서 발생하는 현기증을 가중시킨다. 하이롤러는 밖으로 질주하고 빅샷은 탑의 축을 따라 50m나 떨어진다. 엑스 스크림은 자리에 고정시킨 사람을 가장자리 밖에서 흔든다.
| **관람시간** 매일 개장. 10am-자정
| **위치** 2000 Las Vegas Boulevard South
| **Tel** 702-380-7777
| www.stratospherehotel.com

Manhattan Express 1B 스트립 지도

노란 택시에 타고 시속 100km로 뉴욕의 상징물들 주위를 돌아다니는 롤러코스터. 매일 운행.
| **위치** New York-New York, 3790 Las Vegas Boulevard South
| **Tel** 702-740-6969
| www.nynyhotelcasino.com

M&M World 1B 스트립 지도

3-D 기구를 타고 직접 참여하는 놀이기구. 매일 운행.
| **위치** Showcase Mall, 3769 Las Vegas Boulevard South
| **Tel** 800-848-3606
| www.mmsworld.com

Sega GameWorks 1B 스트립 지도

모의 비행 장치를 쏘아 올린다. 오래된 게임. 매일 개장.
| **위치** Showcase Mall, 3785 Las Vegas Boulevard South
| **Tel** 702-432-4263

Speed: The Ride 2G 스트립 지도

스트립에서 가장 빠른 롤러코스터. 매일 운행.
| **위치** Sahara, 2535 Las Vegas Boulevard South
| **Tel** 702-737-2111
| www.saharavegas.com

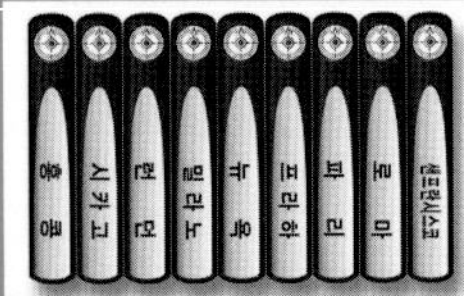

전세계 여행자의 필수품, 인사이드아웃 시리즈(총24권)

베를린
시카고
홍콩
라스베이거스
밀라노
파리
로마
샌프란시스코
베니스
시드니
보스턴
두바이
런던
로스앤젤레스
뉴욕
프라하
싱가포르
토론토
워싱턴

곧 출간됩니다!

베이징
서울
교토
상하이
도쿄

■1 과 ■2 는 팝아웃 지도 1과 2를 의미하는 것으로 격자로 표시된 지도상의 위치를 가리킨다.

옮긴이 | 정수지
편집인 | 방지선
발행인 | 박근섭
펴낸곳 | 민음사출판그룹 (주) 황금나침반
출판등록 | 2005. 6. 7 (제16-1336호)
주소 | 서울시 강남구 신사동 506 강남출판문화센터 4층
전화 | 영업부 02) 515-2000 편집부 02) 514-2642
팩스 | 02) 514-2643

한국어판 © (주) 황금나침반,
Printed in China.

라스베이거스 근교
INDIAN SPRINGS
Indian Springs Gunnery Range
Desert National Wildlife Range
Moapa Natl. Wildlife Refuge
Moapa River Indian Reservation
MESQUITE
LOGANDALE
OVERTON
Virgin River
Valley of Fire State Park
Mt. Charleston Wilderness
Lee Canyon Ski Area
Mt. Charleston (11918ft)
Ranger Station
Red Rock Canyon Nat'l Conservation Area
Spring Mountains Nat. Rec. Area
Ranger Station
BLUE DIAMOND
MOUNTAIN SPRINGS
Spring Mountain Ranch State Park
Gass Peak (6943ft)
Las Vegas Dunes
Muddy Peak (5432ft)
Craig Rd
Lake Mead Base
Lake Mead
North Shore Rd
Boulder Canyon
Lake Mead
LAS VEGAS
WHITNEY
Lake Mead Nat. Recreation Area
ARDEN
McCARRAN INT'L AIRPORT
HENDERSON
Hoover Dam
BOULDER CITY
Grand Canyon West Rim
SLOAN
Temple Bar Rd
Black Mtn. (5092ft)
GOODSPRINGS
SANDY
NEVADA
JEAN
Colorado River
Grand Canyon National Park
Primm
Highland Range Crucial Bighorn Habitat Area
NELSON
Lake Mead Nat. Rec. Area
Kingston Rd
Clark Mtn. (7929ft)
Shadow Mtn. (4197ft)
McCullough Mtn. (7026ft)
ARIZONA
Mountain Pass
NIPTON
SEARCHLIGHT
CALIFORNIA
Cima Rd
Lake Mojave
Halloran Summit
Cima Dome (4204ft)
Morningstar Mine Rd
Ivanpah Rd
CAL NEV ARI
Ranger Station
Davis Dam
Union Pass
East Mojave Nat. Scenic Area
CIMA
Cinder Cones
Cedar Canyon Rd
LAUGHLIN
BULLHEAD CITY
범례
여행자 센터
국립공원/ 주립공원
비행장
산봉우리
캠핑